Harzwandern 1: *Eine Harzquerung*

Florian Genrich

Wandern auf dem Kaiserweg Harz

Harzwandern 1: *Eine Harzquerung*

Von der *Kaiserpfalz Goslar*
zur *Königspfalz Tilleda*:
Drei Tage unterwegs
auf über 110 Kilometern der
*Wege deutscher Kaiser und Könige
des Mittelalters im Harz.*

Florian Genrich

»Wandern auf dem Kaiserweg Harz«

© **2007** Florian Genrich, Clausthal-Zellerfeld

wandern@florian-genrich.de

Herstellung und Verlag: B o D - Books on Demand, Norderstedt

5. Auflage: Oktober **2016** (Books on Demand GmbH, Norderstedt)

ISBN 978-3-8370-4695-3

Bibliografische Information der Deutschen Nationalbibliothek
Die Deutsche Nationalbibliothek verzeichnet diese Publikation in der Deutschen
Nationalbibliografie; detaillierte bibliografische Daten sind im Internet über
http://dnb.d-nb.de abrufbar.

Autor: Florian Genrich, Clausthal-Zellerfeld
Fotos und Skizzen: Florian Genrich, Clausthal-Zellerfeld
Titelbild: Stein am *Antoniusplatz* (461 m ü.NN.) oberhalb von Bad Harzburg
Textverarbeitung mit OpenOffice.org 4.1.2
Die Wanderer: Florian Genrich, Clausthal-Z.; Jens Lange, Clausthal-Z.
Rückseite (Inhaltsangabe): Florian Genrich, Clausthal-Z.; Ariane Beutler, Cl.-Z.
Lektorat: Birgitt Müller-Genrich, Bad Salzdetfurth; Ariane Beutler, Clausthal-Z.;
Geeske Genrich, Rostock; Eckart Genrich, Bad Salzdetfurth

Weitere Bücher von Florian Genrich:

● Der Harz zu Fuß, *Harzwandern 2: Die Tagestouren,* **2008**,
BoD Norderstedt, ISBN 978-3-8370-5790-4.

● Wandern im Harz, *Der offizielle Wanderführer des Harzklubs,* **2009** u. **2012**,
Schmidt-Buch-Verlag Wernigerode, ISBN 978-3-936185-58-4.

● Vom Harz über den Thüringer Wald, *Eine Fernwanderung - Teil 1,* **2009**,
BoD Norderstedt, ISBN 978-3-8391-0867-3.

● Durchs Vogtland und über das Erzgebirge, *Eine Fernwanderung - Teil 2,* **2013**,
BoD Norderstedt, ISBN 978-3-7322-5040-0.

www.florian-genrich.de

Inhalt

frühzeitlicher Handelsweg über den Harz, benannt nach der Flucht Kaiser Heinrich $\overline{IV}$ von seiner Harzburg in den Schutz der südharzer Klöster und nach Tilleda im Jahre 1074.

Vorwort

Wandern, wie kam es eigentlich dazu? Die Erinnerung sagt, dass alles im Jahr 2003 begann. Auch wenn ich als Kind schon mit meiner Familie oder mit der Schulklasse wandern war, so liegt der eigentliche Startpunkt erst vier Jahre zurück. An zwei besondere Wanderungen meiner Kindheit aber kann ich mich noch explizit erinnern.

Die Eine fand im Jahr 1986 statt. Wir waren unmittelbar nach der Tschernobyl-Reaktorkatastrophe und kurz vor meiner Einschulung auf die Kanarischen Inseln geflogen, da dort die Strahlenbelastung niedriger war als in Deutschland. Von der dortigen Wanderung ist bis heute besonders ein Ereignis in Erinnerung geblieben, welches erst im Anschluss an unsere Tour stattgefunden hatte. Nachdem ich als Sechsjähriger, zusammen mit meinem Vater und zwei weiteren Weggesellen, über zehn Stunden auf der Insel La Palma gewandert war, kehrten wir ein. Ich bekam einen großen Teller Suppe serviert, den ich aber vor Erschöpfung nicht bewältigen konnte. Kaum hatte ich den letzten Löffel vertilgt, war der Teller auch schon wieder randvoll. Die Bedienung soll diesen anstandslos wieder abgeräumt haben!

Wanderung Zwei erlebte ich 1990 gemeinsam mit meiner Mutter in der Schweiz. Zusammen mit einer Hildesheimer Kirchengemeinde waren wir in die Alpen gereist. Als Zehnjähriger nahm ich dort mit ihr an einer Zwölfstundentour durch die Berge teil. Noch zweimal waren wir dann in den vier Folgejahren mit der gleichen Gruppe, aber ohne meine Mutter, in Österreich gewesen. Auch hier war die Hauptbeschäftigung das Wandern.

Dass damals jedoch der Grundstein für meinen heutigen Wandereifer gelegt wurde, bezweifle ich. Frühere Wanderungen mit der Schulklasse jedenfalls fand ich ziemlich unspektakulär. Es gibt kaum etwas langweiligeres, als mit einer großen Menschengruppe über „Waldautobahnen" (einige Meter breit geschottert oder asphaltierte Forstwege) zu schlendern. Nein, zwei bis drei Leute sind ideal, da kann ich meine eigenen Wege gehen. Bis auf Ausnahmen ist alles Andere zu viel. Inzwischen ziehe ich auch schon mal alleine los.

1999 hatte ich dann gemeinsam mit einem Freund in den USA einige westliche Nationalparks wie den *Yosemite*, *Redwoods* und den *Mount Rainier* besucht. Wir unternahmen hier und da ein paar kleinere Wanderungen, aber all das zähle ich nicht wirklich zu meinem heutigen Wandersport dazu.

Eine Wanderung im aktuellen Sinne würde ich auch nur als solche bezeichnen, wenn erstens Wanderstiefel getragen werden, zweitens eine Wanderkarte im Spiel ist, drittens der Rucksack auf dem Rücken sitzt und viertens zwischendurch ein Picknick stattfindet.

Nun aber ins Jahr 2003: Kurz vor einem zweiwöchigen Irlandurlaub mit meiner damaligen Freundin Anne sah ich die Notwendigkeit, mir Wanderstiefel anzuschaffen. Wir waren uns einig, dass wir wandern wollten. Auch wenn hier wieder mal ein gewisses Missverständnis zwischen Mann und Frau vorlag, war die Anschaffung eine weise Entscheidung gewesen, denn die selben Stiefel trage ich noch heute. Das Missverständnis betraf das Wörtchen *Wandern*. Was für mich eine Wanderung ist, habe ich bereits erwähnt; Anne stellte sich die Wanderungen allerdings eher als einen ausgedehnten Spaziergang vor. Froh über meine nicht ganz kostengünstige Neuanschaffung – bei meinen Platt-Senk-Spreizfüßen war es gar nicht mal so einfach gewesen, etwas Passendes zu finden – verabredete ich mich noch vor unserer Reise mit einem Freund aus meinem Heimatort Bad Salzdetfurth.

Wie Kai und ich uns beide so schön ergänzen, wurde aus dem Einlaufen der neuen Stiefel eine 40 Kilometer-12 Stunden-Rundwanderung durch den *Hildesheimer Wald*. Von dieser Augustwanderung kehrte ich, auch aufgrund der damalig geringen Erfahrung, vollkommen erschöpft aber ohne Blasen an den Füßen zurück. Die Schuhe hatten den Test bestanden. Ich hingegen war so „im Eimer", dass ich das Zittern an diesem Abend kaum noch los wurde. Diese Erfahrung schreckte mich nicht ab, ich war begeistert von dem Weg, den wir zurückgelegt hatten. Seither wandern wir regelmäßig und ich konnte noch mehrere Freunde für meinen Freiluftsport gewinnen. Eins ist klar: Die extremen Wanderungen bis zur völligen Erschöpfung, die bleiben in Erinnerung. Egal wie viel man unterwegs geflucht hat, im Nachhinein war es immer toll. Ohne „Knüppeltouren" hätte man ja auch nichts zu erzählen!

Den richtigen Durchbruch gab es dann 2006. Nach dem Abschluss meines Chemiestudiums in Hannover, wechselte ich zum Promotionsstudium an die TU Clausthal. Die liegt bekanntlich im Oberharz, und der Harz ist ein ideales Wanderrevier. Nun ist das Wandern mein persönlicher Sport, dem ich nicht nur gelegentlich, sondern regelmäßig nachgehen kann. Entgegen den Gewohnheiten eines gewissen Herrn Andrack, dessen Bücher ich jedem Wanderer nur empfehlen kann, begnüge ich mich zumeist mit Rundwanderungen.[1,2] Dass Streckenwanderungen zwar für den Alltag nichts sind, trotzdem aber ihren ganz eigenen Reiz haben, konnte ich mir sehr gut ausmalen. Ausprobiert hatte ich bisher nicht.

So kam mir die Idee einer Freundin und Kollegin sehr gelegen: Eva, die aus der an der Landesgrenze zu Thüringen

---

1 Manuel Andrack, *Du musst wandern – Ohne Stock und Hut im deutschen Mittelgebirge*, Verlag Kiepenheuer & Witsch Köln **2005**.
2 Manuel Andrack, *Wandern – Das deutsche Mittelgebirge für Amateure und Profis*, Verlag Kiepenheuer & Witsch Köln **2006**.

gelegenen niedersächsischen Harzer Gemeinde Zorge stammt, wollte ihre Heimat – den Harz – auf dem *Kaiserweg* überqueren. In mir hatte sie jemanden gefunden, der für ein solches Unterfangen leicht zu begeistern war. Den Jens, ebenfalls Freund und Kollege aus dem selben Institut, der eigentlich kein Wandersmann ist, hatten wir ebenfalls schnell für unsere Tour gewonnen. Auf den ist Verlass! Dass letztendlich alles ganz anders kam, sei später erläutert.

Als Vorbereitung begann ich nun zwei Wochen zuvor mit der Devise, jeden zweiten Tag zwanzig Kilometer zu wandern. Das hielt ich auch in der ersten Woche, also genau vier Wanderungen, durch. Dann fing ich mir dummerweise eine ordentliche Erkältung ein, die mich zum Ausruhen zwang. Den *Kaiserweg*-Urlaub wollte ich auf keinen Fall gefährden. Zum Glück klang mein Infekt nach einigen Tagen ab, sodass ich nur noch verschnupft auf Tour ging. Eva hingegen erwischte es richtig. Sie konnte an der ganzen Sache nicht mehr teilnehmen. Schade, war es doch eigentlich ihre Idee gewesen. Jens und ich gingen also zu zweit auf Tour.

Dass ich mich nun in die Reihe der Autoren begebe, geht auf meine Mutter zurück. Ich hatte begeistert von Manuel Andracks Büchern erzählt und daraus zitiert.

Sie kommentierte: „Schreib Du doch auch so etwas über den Harz, so schwierig kann das eigentlich nicht sein."

Ich möchte an dieser Stelle nicht verheimlichen, dass mir Andracks Werk Anreiz und Inspiration war, mich gleich im Anschluss an die *Kaiserweg*-Wanderung hinzusetzen, um mein ganz persönliches Buch zu verfassen.

Der *Kaiserweg* überquert den Harz auf der Nord-Süd-Achse von Bad Harzburg nach Walkenried. Unser Plan war es, von

Kaiserpfalz zu *Königspfalz* zu wandern. Die Tour sollte also in Goslar beginnen und in Tilleda am *Kyffhäuser* enden. In der Wanderkarte war der *Kaiserweg* bereits ab Goslar eingezeichnet, auf den Schildern ging es aber erst in Bad Harzburg am *Burgberg* los. Der Weg ist ausgesprochen vielseitig und teils beschwerlich. Ohne Wanderstiefel würde ich hier niemanden mitnehmen. Man läuft über Schotter, Geröll, Lehm, Sand, Wiesen, Wurzeln, durch Gestrüpp, durch Wälder über Felder, auf Asphalt, Kopfsteinpflaster, durch Ortschaften, Obstplantagen, Riesenpfützen, durch Bäche oder Bachläufe. Als „Kaffeetantenweg", oder „Rentnerschnellweg" kann man den *Kaiserweg* keinesfalls bezeichnen. Auch wenn dieser teils über „Waldautobahnen" führt, ist das keineswegs durchgehend der Fall, und das ist gut so!

Florian Gerwth

Clausthal-Zellerfeld im Juli **2007**

Die Ausrüstung

Hier wird der Grundstein für eine erfolgreiche Wanderung gelegt. Man trifft die Entscheidung schon im Voraus, wie weit man kommen will und welche Wege man beschreiten kann. Falls es noch Gründe geben sollte, die uns vom Wandern abhalten, so werden wir versuchen sie an dieser Stelle auszuräumen!

Wir waren für unsere Harzüberquerung auf jedes Wetter vorbereitet und bestens ausgerüstet. Seit 2003 hat sich in meinem Besitz so einiges an Wanderausrüstung angesammelt, das hat auch seinen Grund. So habe ich zum Beispiel gemeinsam mit

Christian schon die verrücktesten Wanderungen bei jedem Wetter veranstaltet. Christian gehört zu meinen Freunden aus Bad Salzdetfurth, auch wenn er inzwischen in Berlin wohnt. Er war dabei, als wir gemeinsam mit Kai im Winter, bei etlichen Minusgraden den *Teufelsstieg* von Bad Harzburg auf den *Brocken* bezwangen. Wie schon erwähnt, bin ich eher ein Freund von Rundwanderungen und verabscheue es, den gleichen Weg zurückzugehen. Aus diesem Grund waren wir dann bis in die Dunkelheit, bewaffnet mit Taschenlampen, im Tiefschnee unterwegs. Das hatten wir uns so natürlich vorher nicht gedacht. Da wir aber auch damals schon verhältnismäßig gut ausgerüstet waren, konnten wir den Weg trotzdem noch bewältigen. Wir folgten der *Ecker* abwärts. Eigentlich müsste man eher sagen, wir folgten der Schneise, in der wir die *Ecker* vermuteten. Begraben unter Schnee lässt sich ein Wanderweg nur schwer ausmachen. Wir sanken regelmäßig bis zur Hüfte ein, was die Tour abgesehen von der Länge noch viel beschwerlicher machte. Was wir damals noch nicht besaßen, waren Gamaschen. Wer einmal so eine Tour mitgemacht hat, der kauft sich welche, und das taten wir. Nochmal müssten wir jedenfalls bei Tiefschnee nicht mit Eisbrocken in den Stiefeln kämpfen. Man lernt dazu. Jeder „vernünftige" Mensch würde jetzt vielleicht sagen, dass man bei Tiefschnee auch nicht wandert. Erstens sind wir nicht immer „vernünftig", das wäre langweilig, und Abenteuer haben nun mal ihren Reiz. Zweitens wandere ich bei fast jedem Wetter, denn es gibt kein „falsches Wetter", sondern nur die falsche Kleidung. Und gerade diese angeblichen „Mistwetter-" oder auch Schneewanderungen sind diejenigen, die mir viel Spaß bereiten. Oft ist der beschwerliche Weg der Interessanteste.

So kam es dann auch dazu, dass Christians Freundin Laura uns mit der Aussage belächelte, wir würden ja ein „Outdoor-Wettrüsten" veranstalten; eigentlich käme man auch ohne den ganzen Kram aus. Sicher, aber warum soll man sich nicht vernünftig ausrüsten? Aufgrund der vielen Strapazen, die wir erlebt hatten, ist dies der Versuch, die Schmerzen am geringsten zu halten und den Körper am besten zu entlasten. Manche Touren könnten wir sonst gar nicht durchführen. Die *Tour de France* fährt auch niemand auf einem Holland-Rad.

Hier nun mein Marschgepäck auf dem *Kaiserweg*:

- Wanderrucksack *(Rucksack mit Beckengurt und freiem Rücken, damit dieser vom Schwitzen nicht klitschnass wird.)*

- Wind- und Regenjacke *(Gore-Tex, atmungsaktive leichte Kunststofffacke mit Kapuze, taugt für Sommer und Winter – wärmende Kleidung wird bei Bedarf in Form von Fleecepullovern untergezogen)*

- Regenhose *(atmungsaktive leichte Kunststoffhose zum Überziehen, seitlich mit Reißverschluss: An- und ausziehbar ohne die Stiefel auszuziehen.)*

- Wanderstiefel *(Meindl, Kategorie B, feste Wanderstiefel, die bis über die Knöchel gehen, damit man nicht umknicken kann, wasserdicht, atmungsaktiv)*

Baumwollkleidung, die auch ich ansonsten sehr gerne und fast ausschließlich trage, sollte generell vermieden werden. Sie saugt sich mit Feuchtigkeit voll und hängt klamm am Körper; dann wird's kalt und unangenehm.

- Hose mit Seitentaschen, Ersatzhose *(die Seitentaschen sind wichtig für den schnellen Zugriff auf die Wanderkarte)*

- Fleecepullover

- 2 Sport-T-Shirts aus Kunststoff, eins aus Baumwolle für abends oder zum Schlafen

- Unterhosen für jeden Tag (*Boxershorts sind nicht geeignet, sie scheuern, idealerweise Unterhosen mit eng anliegenden Beinansätzen*)

- Vaseline! (*Der beste Tipp aus Andracks Buch. Ich hatte mir früher auf längeren Wanderungen regelmäßig die Innenseiten meiner Oberschenkel wund gelaufen. Vor der Wanderung schmiere ich mir diese nun großzügig mit Vaseline ein, seither hab ich keine Probleme mehr.*)

- Socken für jeden Tag (*Da trag ich bisher keine expliziten Wandersocken. Die Socken sind jedoch der Hauptgrund für Blasen. Sie müssen straff anliegen und dürfen auf keinen Fall gegen den Fuß verrutschen. Die Schuhe müssen gleichermaßen so geschnürt sein, dass die Füße festen Halt haben und nicht rutschen oder schlupfen. Dann gibt es eigentlich auch keine Blasen*)

- *Rei* aus der Tube (*Da man nicht Klamotten für jeden Tag mitschleppen kann, ist das eine gute Lösung*)

- ausreichend Taschentücher (*„für alle Zwecke"*)

- kleines Wanderhandtuch (*als „Kampfansage" gegen die Schweißperlen auf der Stirn*)

- großes Funktionswanderhandtuch (*ist leicht, lässt sich ganz klein zusammenrollen, und trocknet schnell*)

- Wanderhemd (*Ich hatte erst überlegt ob ich es brauche; es mitzunehmen war die beste Entscheidung; beschichtetes Kunststoffhemd. Nein, nicht irgend so ein teures Ding, das gab´s mal bei einem bekannten Discounter*)

- Kompass

- Wanderkarten (**1.** *Offizielle Wanderkarte Harzer Wandernadel Teil 1, 1:50.000, Topografische Karte mit thematischen Fernwanderwegen und Harzklub-Markierungen, Schmidt-Buch-Kartographie./*

2. Südliches Harzvorland mit Kyffhäusergebirge und Hainleite, Topographische Karte 1:50.000 Ausgabe mit Wanderwegen, Thüringer Landesvermessungsamt.)

– Isositzmatte *(ausgeschnitten aus einer dünnen alten Isomatte, hab ich diesmal nicht gebraucht, war aber sonst schon oft sehr nützlich)*

– das nötigste aus dem Kulturbeutel *(rasieren kann man sich auch noch, wenn man wieder da ist)*

– Verbandspäckchen, *Betaisodona*-Lösung

– Sonnenbrille

– Schirmmütze *(gegen die Sonne oder auch gegen kaltes Wetter)*

– Sonnencreme

– jeden Tag drei Liter Getränke *(2 Liter Wasser, 1 Liter Isostar: ist das einzige isotonische Getränk, mit vernünftigem Mineralgehalt, Zucker, ohne Süßstoffe, das ich gefunden habe. Wozu Süßstoffe? So ein Quatsch! Mit Süßstoff steh ich auf Kriegsfuß. Wer sportlich an seine Grenzen geht, braucht den Zucker sowieso. Ich bevorzuge hier die Getränkepulvervariante. Eine Ration ging mit dem ersten Liter in Lösung mit. Die anderen zwei Tagesrationen waren in Pulverform dabei. Jens hat es genauso gemacht und wir Beide hatten das Zeug bitter nötig. Wenn mal gar nichts mehr geht, hilft auch Traubenzucker. Wandern ist wie eine Berg- und Talfahrt. Nach dreißig Kilometern erlebt man ein Wechselspiel zwischen „ach es geht doch gerade ganz gut" und „uff, ich glaub hier geht bald gar nichts mehr." Effektiv habe ich noch viel mehr als drei Liter pro Tag getrunken, aber man kann die Flaschen zwischendurch bei Gelegenheit ja mal wieder auffüllen.)*

– Müsliriegel *(wichtig als Energiereserve, für jeden Tag mindestens zwei)*

14

- Eine Notration *TUC*-Cracker, Kekse, Schokolade oder ähnliches (*Panzerplatten* tun's auch, die sind weniger süß als Kekse)

- Wandermesser *(feststehendes mittelgroßes Allzweckmesser am Gürtel für die Mahlzeiten oder auch als eventuell-Waffe gegen die Bestie aus dem Wald)*

- Mobiltelefon und Ladegerät

- Verpflegung *(dünn belegte Brote, Banane... Alles für den jeweiligen Tag. Muss unterwegs neu besorgt werden; nicht zu viel Wurst, Fleisch oder fettigen Käse! Liegt nur schwer im Magen und spendet keine schnell verfügbare Energie!)*

Das *Kaiserhaus* der *Kaiserpfalz Goslar*. Hier geht's los!

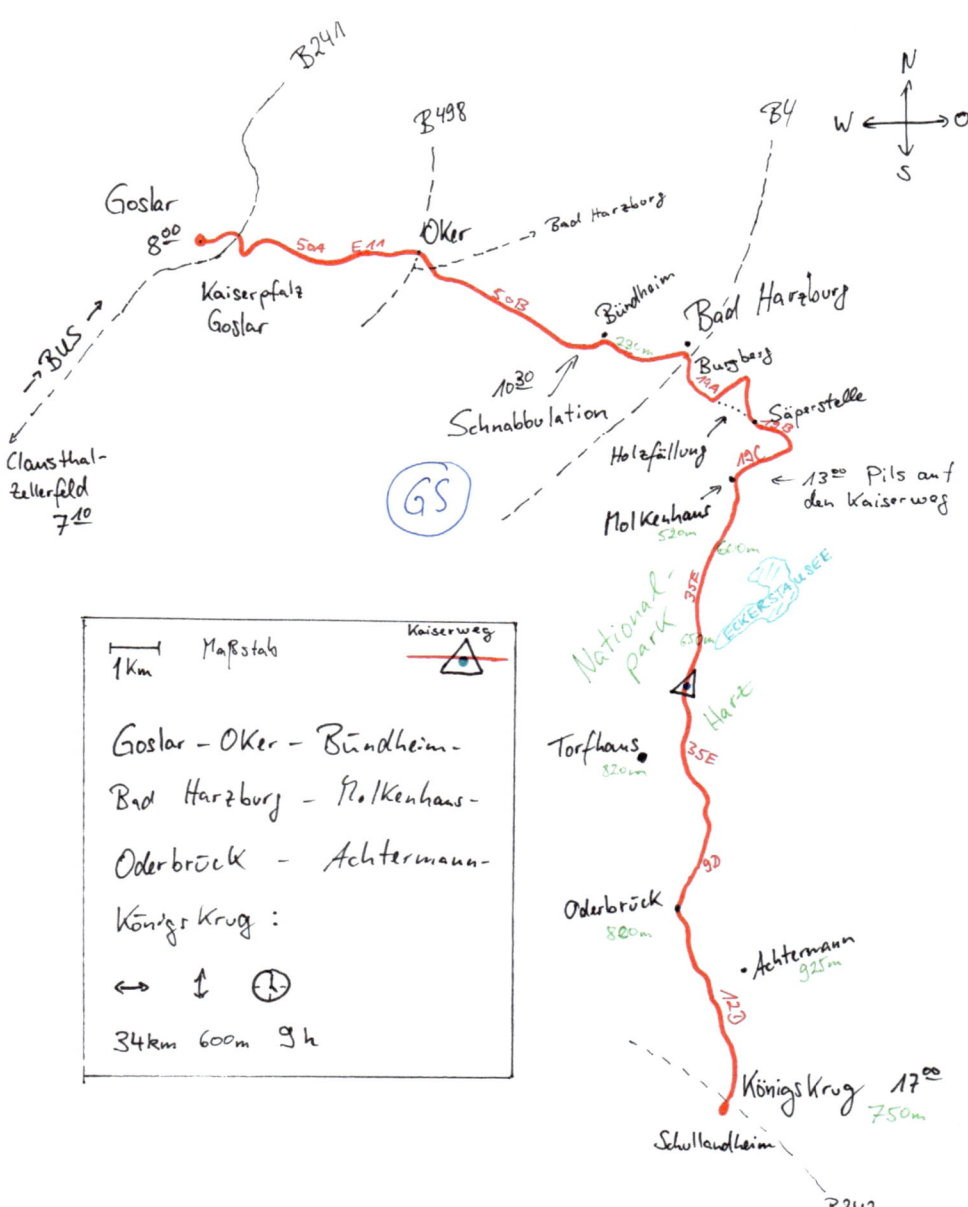

Goslar 8⁰⁰

B241

B498

Oker

Bad Harzburg

B4

N
W — O
S

Kaiserpfalz Goslar

504   E11

50B

Bündheim 225m

Bad Harzburg

BUS

10³⁰   Schnabbulation

Burgberg 19A

Säperstelle 50B

Clausthal-Zellerfeld 7¹⁰

GS

Holzfällung   19C

13⁰⁰ Pils auf den Kaiserweg

Molkenhaus 520m

600m

National park

35E   650m   ECKERSTAUSEE

Harz

Torfhaus 820m

35E

9D

Oderbrück 800m

Achtermann 925m

12D

Königskrug 17⁰⁰ 750m

Schullandheim

B242

Maßstab
1 Km   Kaiserweg

Goslar - Oker - Bündheim -
Bad Harzburg - Molkenhaus -
Oderbrück - Achtermann -
Königskrug :

↔   ↕   🕐

34 km 600m 9 h

16

Etappe 1: Goslar – Königskrug

GS, *21.07.2007*
(Unterwegs im Landkreis Goslar, Niedersachsen)

Um halb sechs klingelte der Wecker. Schon am Abend zuvor war der Rucksack gepackt, die Extraklamotten darin nochmal in Plastiktüten gewickelt, nur zur Sicherheit; man muss ja auf jedes Wetter vorbereitet sein. Regenjacke und Rucksack wurden zusätzlich nochmal aus der Dose imprägniert. Konnte da noch etwas schiefgehen? Eigentlich kaum. Verabredet waren wir um sieben, oben auf dem *Kronenplatz* in Clausthal-Zellerfeld. Der Bus fuhr um zehn nach.

Am Nachmittag und Abend des Vortages war meine Erkältung immer noch nicht ausgeklungen. Ich versuchte mich auszuruhen, aber die Kopfschmerzen blieben. Nach dem Motto *Viel hilft viel* warf ich ein Gramm *Paracetamol* ein. Ich hatte schon den Wochenbeginn mit *Aspirin* überbrückt. Aber irgendwie wurden die Kopfschmerzen nur noch mehr. Also gleich noch eine Ladung *Aspirin* hinterher und möglichst früh versuchen zu schlafen. Das ging dann auch irgendwann. Jedenfalls stand ich pünktlich um sieben an der Bushaltestelle, immer noch verschnupft. Das sollte auch den Rest der Wanderung so bleiben, aber was machte das schon? Jens war bereits da. Es konnte also losgehen. Die Sonne schien und der Bus kam pünktlich. Er fuhr uns mit einem Umweg über Hahnenklee zum Goslarer Bahnhof. Des Busfahrers Laune hielt sich in Grenzen. So raunte er doch erstmal zwei weitere Fahrgäste an, die sich erdreisteten aufgrund der morgendlichen Frische das Dachfenster zu schließen: „Setzen Sie sich doch woanders hin, wenn es zieht. Jeder kommt hier an und macht die Luke zu. Ich muss noch den ganzen Tag in der

Hitze aushalten. Ist doch wahr." Und das in einem Ton! Der Jubel hielt sich erstmal in Grenzen, aber die Leute kuschten. In Hahnenklee ertönte von hinten in Form einer Frauenstimme mehrfach der Wunsch, die Tür geöffnet zu bekommen – vergeblich. Auch das lag heute so früh wohl noch nicht drin.

Kurz vor acht, angekommen in Goslar, schlenderten wir durch die Fußgängerzone zur *Kaiserpfalz*. Dort an den zwei kupfergrünen Reiterstatuen von *Friedrich I Barbarossa* und *Wilhelm I* fiel der Startschuss. Nun trugen uns die Füße auf den *Wegen deutscher Kaiser und Könige des Mittelalters* durch den Harz. Der Weg führte uns ein Stück entlang des Stadtringes, der aus Clausthal kommenden B 241 und dann rechts, am Schützenplatz bergauf in Richtung Oker. Kurz hinter der Kuppe, am Waldrand ging es auch gleich links ab, von der Asphaltstraße auf echte Wanderwege. Der *Kaiserweg* war hier als solcher noch nicht beschildert. In den Wanderkarten jedoch war er deutlich eingezeichnet. Man folgt immer der Beschilderung *Oker, Bad Harzburg* und orientiert sich an den Nummerierungen 50A,B,C des *Harzklubs*.

In Oker angekommen, überquerten wir die Bundesstraße 498 und gelangten durch das Wohngebiet zu der im rechten Winkel zur B 498 verlaufenden Straße nach Bad Harzburg. Hier fehlten die Wegweiser, aber eine Treppe auf der gegenüber liegenden Seite führte uns durch eine weitere Siedlung geradeaus in den Wald. Über angenehm schattige Waldwege kamen wir nach zweieinhalb Stunden in Bündheim an. Im ruhig gelegenen Kurpark genossen wir auf einer Bank im Schatten unser erstes Picknick.

Über den Golfplatz stießen wir anschließend in das Zentrum Bad Harzburgs vor. An der B 4, die den Harz in Nord-Süd-Richtung überquert, half uns – wie auch schon zuvor – die

Orientierung an den weißen Andreaskreuzen auf schwarzem Grund des europäischen Fernwanderwegs E11. Die Aufkleber prangten oft an Laternenpfählen. Vor der Kirche bogen wir rechts ab und folgten der Bundesstraße bis zur nächsten Überführung. Auf der anderen Seite, am *Burgberg*, fiel unser Blick sofort freudig auf die erste Ausschilderung des *Kaiserweges*. Wir fühlten uns bestätigt in unserem Vorhaben. Wir waren auf dem richtigen Weg. Ein gutes Gefühl!

Erstes Schild des *Kaiserweges*.

Es folgte ein starker Anstieg auf Schotterwegen, sodass wir bei der Sonne schon bald im Schatten eines Baumes Flüssigkeit nachtanken mussten. Der Ausblick über die Wälder und das im Tal liegende Bad Harzburg war schon mal nicht schlecht. Ein guter Anfang. Bei einem Blick nach oben fiel auf, dass man es sich auch leichter hätte machen können. Über unsere Köpfe hinweg führte die Bad Harzburger Seilbahn mit ihren Gondeln ebenfalls auf den Berg. Aber das wollten wir ja nicht. Der Weg war das Ziel. Nach einem weiteren Anstieg am *Burgberg* gelangten wir oben am *Antoniusplatz* an eine Kreuzung. Auf dem *Kaiserweg* stand ein großes Schild: *Ach-*

Jens: Kurze Rast im Schatten.
Anstieg am *Burgberg*, Bad Harzburg.

tung Holzfällung! Durchgang verboten.

Wie oft war ich bei meinen Wanderungen, auch des Sonntags und an Feiertagen, schon auf solche Absperrungen gestoßen. Noch nie hatte ich Waldarbeiter erblicken können. Immer hatte ich mich geärgert über diese Willkür. Wenn die Absperrungen nach der Arbeit nicht weggeräumt werden, dann sind sie ja wohl generell überflüssig.

Erst zögerten wir, dann entschied ich aber, das Schild wie gewohnt zu ignorieren. Es waren keine Motorsägen zu hören; wir setzten unseren Weg fort. Nach ein paar Minuten hörten wir sie dann doch und machten wieder Kehrt. Es war ja extra für Wanderer eine Umleitung ausgewiesen, das kannte ich bisher nicht. Zum ersten Mal konnte ich das rotweiße Flatterband akzeptieren. Wir folgten dem alternativen Weg und liefen, um zur *Säperstelle* zu gelangen, über Waldwege quasi im Dreieck. Dabei kamen wir in den Genuss einer ordentlichen Fernsicht auf Bad Harzburg, Oker und darüber hinaus in Richtung Norden. Der

Fernsicht auf Bad Harzburg und Umgebung.

Umweg hatte sich schließlich sogar noch ausgezahlt.

Die nächste Rast machten wir am *Molkenhaus*. Bis hierhin hatte ich bestimmt schon zwei Liter Flüssigkeit zu mir genommen. Gegen dreizehn Uhr also genehmigten wir uns dort das erste Pils. Erstens waren wir im Urlaub, zweitens hatten wir Durst, und überhaupt musste ja auf das Erreichen des Nationalparks angestoßen werden. Eine *Nullfünfer Bierlänge Bitburger* – ganz unregional – brachte uns wieder auf die Beine. Die Frau an der Zapfe kam auch meiner Bitte nach und befüllte mir eine meiner leeren Trinkflaschen wieder mit einem frischen Liter kühlen Leitungswassers. Ich erwähnte, dass wir ja noch ein ganzes Stückchen Weg vor uns hätten, da wäre das nötig.

Ihre Antwort lautete: „Sie wollen das ja auch nicht anders."

Recht hatte sie, es konnte weitergehen.

Wir kamen gut voran. Zuvor jedoch, zwischen Bad Harzburg und *Molkenhaus*, hatte sich der Weg durch die Steigung und etliche Windungen sehr in die Länge gezogen.

Bemerkenswert für den *Kaiserweg* im Allgemeinen, aber auch für die Gegend um Bad Harzburg und den Nationalpark Harz, sind die Wälder. Der Oberharz, geprägt durch den Bergbau, besteht zum Großteil aus einer Fichtenmonokultur. Hier auf unserem Weg jedoch marschierten wir durch Laub- und Misch-wälder, was eine ganz andere Luft, ein anderes Klima und andere Eindrücke mit sich brachte; ich war positiv überrascht.

Bisher lachte uns die Sonne mit ihren Strahlen ins Gesicht. Das kann beim Wandern auf Dauer ganz schön anstrengend werden, gerade wenn man in der Hitze auch noch einen starken Anstieg überwinden muss. Die Kühle des Waldes kam uns gelegen. Um fünfzehn Uhr verschwand das „grelle Monstrum" hinter den Wolken und ließ sich nun auch für den restlichen Tag nicht mehr blicken. Wir wanderten vorbei am *Eckerstausee,* den wir jedoch nicht zu Gesicht bekamen. Hier, mitten auf der Staumauer, war bis Ende der 80er Jahre die Grenze zwischen West und Ost verlaufen.

Über die verschiedensten Wege gelangten wir vorbei an Torfhaus nach Oderbrück. Wir passierten einen Trupp junger Leute, die sich an einer Wegekreuzung diverse Pilse genehmigten. Sie wollten uns davon abraten, unseren Weg hier fortzusetzen, man fände sich eh nicht zurecht; ob wir denn überhaupt eine Karte hätten? Wir bejahten und setzten unseren Weg unbeeindruckt fort. Auf einer naturbelassenen Geröllpiste etwa fünf Kilometer vor Oderbrück machten wir noch einmal eine kurze Rast auf einem Findling. Eine größere Rentnerwandergruppe passierte uns mit diversen Grußworten. Darunter auch: „Wer wandert muss auch essen". An dieser Stelle wurde ich dann auch Zeuge eines Verhaltens, welches mir Manuel Andracks Abscheu gegenüber den Mountainbikern im Wald erklärte (siehe Fußnote S. 8). Ich musste ihm wieder einmal Recht geben. Da hatten sich doch tatsächlich zwei Fahrradfahrer auf diesen naturbelassenen, unwegsamen, schmalen, durch den Wald aufwärts führenden unbefestigten Wanderpfad gewagt. Unglaublich! Solche Leute werden erstens nicht gegrüßt, und zweitens sind sie in der Tat die *Hooligans des Waldes.* Eigentlich sehe ich das sonst nicht so verbissen. Auf den breiten, befestigten Wald- und Forstwegen akzeptiere ich das Nebeneinander, hier jedoch nicht. Fahrräder gehören auf die Straße!

Im weiteren Verlauf merkte man, dass wir uns dem *Brocken* näherten. Ein absoluter Publikumsmagnet. Scharen von Schülern kamen uns entgegen. Ich erwähnte bereits zuvor, dass ich diese Großgruppenwanderungen auf „Waldautobahnen" damals auch verabscheut hatte. Einen Trend jedoch verstehe ich absolut nicht. Bei all der Technik, die uns das elektronische Zeitalter heute

liefert, ist es doch nicht nötig, sich mit Musik in „grottenhaft" schlechter und blecherner Tonqualität vom Mobiltelefon am Gürtel berieseln zu lassen; und das auch noch im Wald. Hauptsache alle können mithören. Aber genau das schien hier die Devise. Na denn: Prost-Mahlzeit!

Sumpfige Schneise hinter Oderbrück.

Die Beschilderung des *Kaiserweges* im Nationalpark war vorbildlich. Auch ohne Karte musste man sich schon anstrengen, um sich zu verlaufen. Ab Oderbrück änderte sich das. Wir folgten dem *Kaiserweg* in Richtung *Achtermann*, begegneten einem weiteren Trupp schräger Leute, die uns zuriefen: „Na dann noch viel Spaß!", und fanden uns schnell auf einem abwechselnd sumpfigen, wurzelüberwachsenen Teilstück wieder. Konnte das der *Kaiserweg* sein? Wir wussten es nicht. Der Kompass bestätigte in etwa die Himmelsrichtung, also setzten wir unseren Weg auf dem unwegsamen Untergrund fort. Die Wanderkarte gab ein sehr hilfreiches Detail preis. Entlang des *Kaiserweges* war eine schmale Schneise in den Wald eingezeichnet, der wir folgen konnten, auch wenn kein Weg

Schotterwege...

zu erkennen war. Hier verlief eine Hochspannungsleitung, entlang derer wir marschierten. Am Ende der Schneise hielten wir uns rechts und gelangten auch schon bald wieder an ein Schild des *Kaiserweges*. Es zeigte nur in etwa in die Richtung, aus der wir gekommen waren. Peilte man über den Weg-

weiser zurück, so konnten wir nur Wald ausmachen, einen Weg gab es nicht.

Vorbei an der *Achtermannshöhe* mit ihren 925 Metern über dem Meeresspiegel gingen wir unseres Weges, ich immer voran als Navigator, während Jens in kleinerem Abstand folgte. Nachdem wir die letzte halbe Stunde noch im Regen laufen mussten, trafen wir gegen siebzehn Uhr, nach einer neunstündigen Tour, auf unsere Unterkunft in Königskrug. Bereits im Voraus hatte ich unsere drei Übernachtungen an den jeweiligen Zwischenstationen gebucht. Ein Bett und eine Dusche waren uns also sicher, darauf freuten wir uns; Hunger hatten wir auch.

Das Schullandheim Königskrug, auch *Herbert-Balke-Heim*, bestand aus zwei Gebäudekomplexen. Ersteres war vollbesetzt mit einer Jugendfreizeit, das zweite Gebäude hatten wir für uns allein. Zu einem Komplettpreis von etwa dreißig Euro pro Person, bei voller Verpflegung, konnten wir in unserem Zweibettzimmer-Apartment die müden Beine und Füße regenerieren. Zum reichlichen Abendessen versorgte uns der Hausmeister sogar mit Bier.

Wir hatten uns schon ausgemalt, ob wir es denn noch schaffen würden, nach dem Essen die Straße zurück zum Ortskern Königskrugs zu laufen. Dort hatten wir nämlich eine Gastwirtschaft erspäht. Das mussten wir nun nicht mehr. Der Hausmeister öffnete uns sein Getränkelager und fragte, wieviel wir denn wollten. Wir hätten uns aufgrund der Strapazen mit einem gemischten Sechserträger begnügt, diesmal wieder absolut regional aus der Oberharzer *Altenauer Brauerei*. *Altenauer Pils* und *Harzer Urstoff* waren uns genehm. „Drei kleine Bier pro Person, das ist doch nichts", konterte der Hausmeister. „Nachher gibt es nichts mehr, wollt ihr nicht lieber jeder sechs?" Wir verneinten, woraufhin er uns noch zwei Extraflaschen oben drauf legte. Nun gut.

Das Essen konnten wir uns bequem mit in unser Wohnzimmer nehmen, wo wir uns nebenbei von der „Doping-Tour-de-France 2007" und einem weiteren belanglosen Fernsehprogramm berieseln ließen. Nach dem langen Tagesmarsch aßen wir, als hätten wir zwei Wochen nichts mehr bekommen. Die vier Bier waren genau die richtige Ration für jeden von uns. Um zehn Uhr fielen wir dann auch schon total geschafft in die Betten, in der Hoffnung, dass die Beine am nächsten Tag nicht mehr schmerzen würden.

Unser Wohnzimmer im Schullandheim Königskrug und...

...die Gemächer.

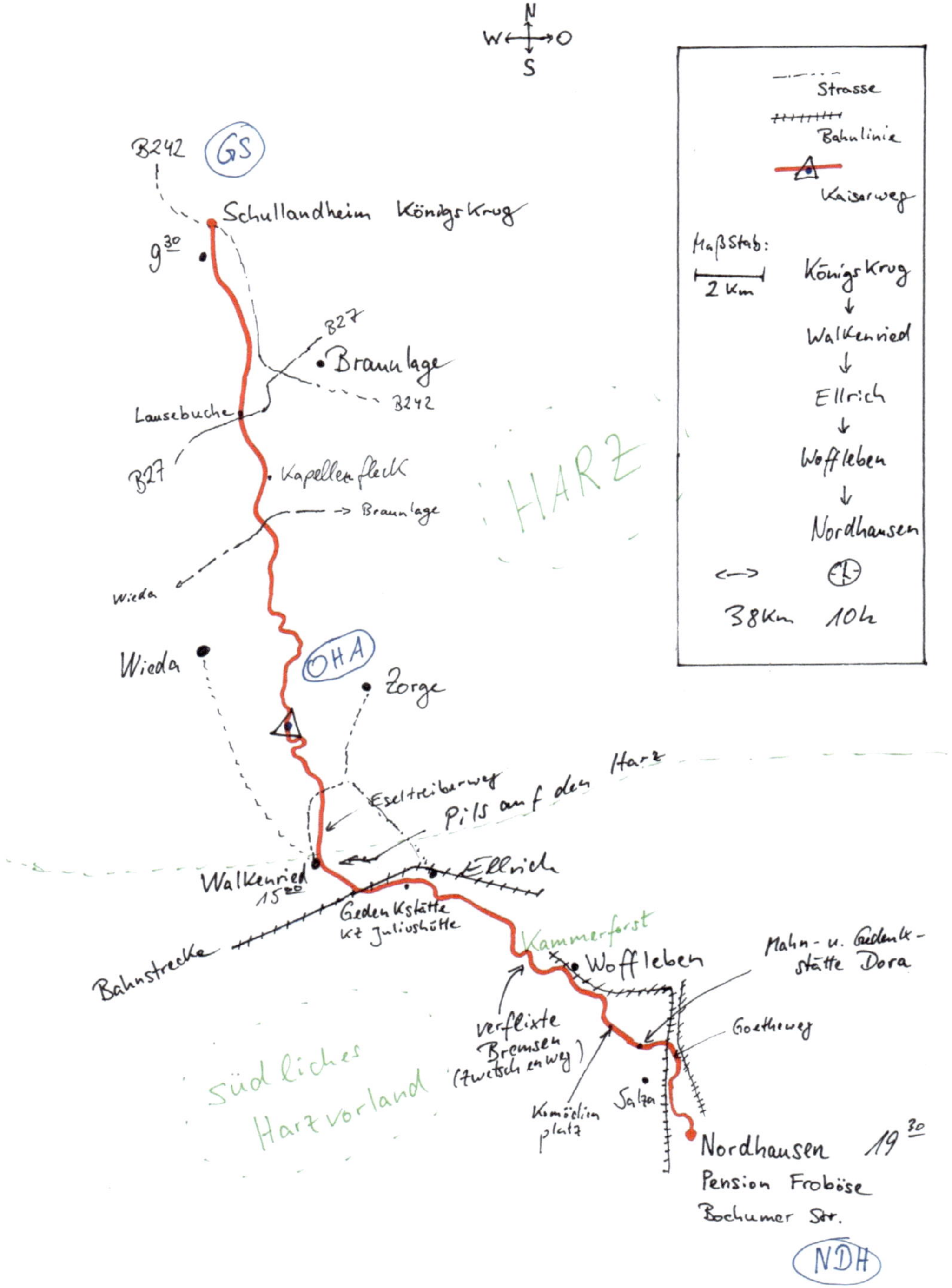

B242 GS

Schullandheim Königskrug

9³⁰

327
• Braunlage
B242

Lausebuche

B27

Kapellenfleck

→ Braunlage

Wieda

Wieda

OHA

Zorge

Eseltreiberweg

Pils auf der Harz

HARZ

Walkenried
15⁰⁰

Ellrich

Gedenkstätte
KZ Juliushütte

Bahnstrecke

Kammerfst

Woffleben

Mahn- u. Gedenk-
stätte Dora

verflixte
Bremsen
(Zwetschenweg)

Goetheweg

Komödien
platz

Salza

südliches

Harzvorland

Nordhausen 19³⁰
Pension Froböse
Bochumer Str.

NDH

Strasse

Bahnlinie

Kaiserweg

Maßstab:
├─┤
2 Km

Königskrug
↓
Walkenried
↓
Ellrich
↓
Woffleben
↓
Nordhausen

↔   ⊕

38 Km   10 h

Etappe 2: Königskrug – Nordhausen

GS → OHA → NDH, *22.07.2007*

(Landkreis Goslar, Niedersachsen → Landkreis Osterode am Harz, Niedersachsen → Landkreis Nordhausen, Thüringen)

Der morgendliche Blick aus dem Fenster bestätigte die plätschernden Geräusche, die ich des Nachts bei gekipptem Fenster vernommen hatte. Es regnete Bindfäden. Was wir noch nicht wussten, war, dass wir heute so gut wie jedes Wetter erleben würden. Sonne, Regen, Wind, Nebel, Schwüle, Kälte, Nässe, war sonst noch was? Ach ja, das Gewitter. Aber einen wahrer Wandersmann will wandern. Das Wetter ist ihm von Grund auf erst einmal egal. Man kann sich auf alles einstellen. Das taten wir auch.

Nach reichlichem Frühstück, welches es um Halb neun gab, räumten wir unsere Zimmer und sagten dem *Herbert-Balke-Heim*

Beschilderung im Nationalpark Harz.

Trübe Landschaft am...

...*Kaiserweg* hinter Königskrug.

Nicht immer kamen wir trockenen Fußes weiter!

auf Wiedersehen. Der Marsch begann um Halb zehn, zu welchem Zeitpunkt der Regen abrupt aufhörte. Hätte man das ahnen können? Ich hatte mich schon in meine Regenkleidung geworfen und war auf Wasser von oben eingestellt. Hier war wirklich auf nichts mehr Verlass. Wir liefen durch Nebelschwaden gen Süden, vorbei an Braunlage, und überquerten an der *Lausebuche* die B 27, welche von Braunlage nach Bad Lauterberg führt. Vorbei am *Kapellenfleck*, wo ich mir den Stempel 157 der *Harzer Wandernadel* ergatterte, führten uns die bis hierher sehr breiten Waldwege in Richtung Wieda und Zorge.

Die *Harzer Wandernadel* habe ich bisher nicht erwähnt. Im letzten Jahr waren wir auf einigen unserer Harzwanderungen plötzlich auf diese grünen, mit Stempel und Stempelkissen bestückten Kästen gestoßen. Ich erkundigte mich, was es denn damit auf sich hatte. Schon bald besorgte ich mir auch einen Stempelpass, und die „Jagd" konnte beginnen. An vielen der Stempelstellen waren wir bereits gewesen, noch bevor es diese Kästen überhaupt gegeben hatte. Aber nun war ein neuer Anreiz da, und im Januar begann die Stempelei. Anfang Februar erreichte ich *Bronze*, im März folgten *Silber* und *Gold*. Für die jeweils nötige Anzahl unterschiedlicher Stempel (8, 16, 24) erhielt ich in der Clausthal-Zellerfelder *Harzklub*-Filiale die entsprechenden Abzeichen. Vielfach war ich gemeinsam mit meiner damaligen Freundin Ari auf Touren gegangen, teils aber auch

alleine. Zwischendurch ließ dann der Antrieb nach, aber im Juli konnte ich mir, mit dem fünfzigsten Stempel in der Tasche, das Abzeichen *Harzer Wanderkönig* abholen. Theoretisch ginge es auch noch weiter. Für das Erwandern aller 222 Stempel gibt es in „limitierter Auflage" den *Harzer Wanderkaiser*. Inzwischen stempele ich aber eigentlich nur noch, wenn ich sowieso an solch einer Stelle vorbeikomme. Zuvor schon war ich immer des Wanderns und der Landschaft wegen durch die Wälder gepirscht und nicht der Stempel wegen. Was die Stempelei aber interessant machte, war die Tatsache, dass ich Ecken kennenlernte, die ich sonst nicht hätte zu Gesicht bekommen. Nach dem Motto: „Wär das auch wieder erledigt!", lege ich mir meine Strecken nun wie schon zuvor nach eigenem Ermessen aus, achte also weniger darauf, wo es noch einen Stempel zu ergattern gibt. Wenn es der Zufall so will, dann kommt man eben mal wieder an einem Kasten vorbei.

Die breiten, teils von der Forstwirtschaft zu Schlammwüsten verunstalteten Wege führten uns über eine weitere Straße, die Wieda mit Braunlage verbindet. Auf dem Wanderweg 31L führte es im Wechsel hoch und runter über den *Joachimskopf*, den *Steigerkopf* und vorbei am *Wagnerskopf*. Von der Tendenz her liefen wir schon seit Oderbrück abwärts. Man liegt jedoch falsch in der

Annahme, dass hier keine Anstiege mehr zu überwinden sind. Auf größeren Profilkarten gehen die kleineren Anstiege unter, von deren Anzahl es auch im weiteren Streckenverlauf noch sehr viele geben sollte. Die Aussage: „Ab Königskrug geht es ja nur noch bergab", an die wir zu Anfang geglaubt hatten, stimmt nicht. Das sollten wir auch auf der dritten Etappe noch bitter in Erfahrung bringen.

Hier zwischen Wieda und Zorge machte uns auch die Beschilderung zu schaffen. Besser gesagt bereiteten uns die nicht vorhandenen Schilder Probleme. Wir hatten uns so in Sicherheit gewogen. Bei der exzellenten Ausschilderung im Nationalpark wurde man schnell nachlässig. Da auf den Wanderkarten nicht alle Wege des Waldes eingezeichnet sind, kann man sich bei knapper Beschilderung leicht verlaufen. Gerade auch die Forstwirtschaft stiftet hier ordentlich Verwirrung, wenn man über deren Waldmaschinenschneisen marschiert, an einer Gabelung steht und sich fragt, welcher der zwei Wege denn nun eigentlich einen Weg darstellen soll. Dann ist es angebracht, wirklich auf jeden definierten Punkt und jedes Detail, das die Karte hergibt zu achten. Ich hatte schon die Schneise hinter Oderbrück erwähnt. Das wäre ein solcher Hinweis gewesen. Selbst bei guter Beschilderung ist es wichtig, die Strecke kontinuierlich auf der Karte zu verfolgen, auch wenn der Weg aufgrund der Beschilderung eindeutig ist! So kann man an einer nicht beschilderten Kreuzung in Folge besser die unterschiedlichen Möglichkeiten eingrenzen. Hier zeigte sich auch, wie überaus wichtig der Kompass war. Ich wusste zwar ungefähr, wo wir waren, hatte aber lange keinen Anhaltspunkt mehr gefunden. Irgendwo zwischen

Kaiserweg-Markierung an Bäumen. Weißes Dreieck mit blauem Punkt.

Steigerkopf und *Wagnerskopf* machte der *Kaiserweg* einen nicht beschilderten Knick von Süd auf Ost, also nach links. Auch an den Kreuzungen davor hatten wir keine Schilder erblicken können. Wir taten, was man im Zweifel machte, wir gingen geradeaus. Der Weg machte schon alsbald einen Knick nach rechts. Wir bewegten uns laut Kompass in westlicher Richtung. Auch an den nächsten Kreuzungen fanden wir keine Schilder. Für einen Moment hoffte ich noch, der Weg würde gleich hinter der nächsten Biegung wieder östlich verlaufen. Das tat er nicht. Die letzte *Kaiserweg*-Markierung hatte ich an einem Baum entdeckt. Das verblichene weiße Dreieck mit blauem Punkt lag aber bereits ein ganzes Stück zurück. Jens war schon ganz still geworden, noch stiller als sonst. Er machte seinem Spitznamen *Jensilencio* alle Ehre. Das war immer so, wenn er eigentlich am liebsten in die nächste Hecke „abgekotzt" hätte. Abenteuer brauchte er nicht; ich schon. Mir machte das gelegentliche Umherirren nicht viel aus. Ich kannte das schon von etlichen Wanderungen und war es gewohnt. Es gehört zum Wandern einfach dazu. Die Erfahrung sagte, dass man irgendwann schon wieder auf ein Schild stoßen würde. Ich entschied: Das konnte auf keinen Fall mehr der *Kaiserweg* sein. Die eingeschlagene Himmelsrichtung stimmte hier mit keiner Wegstrecke in der Karte überein. So schlecht war er, dieser Prestigewanderweg des Harzes, dann auch wieder nicht ausgeschildert, als dass man so viele unbeschilderte Kreuzungen in Folge hätte überqueren müssen. Wir befanden uns mal wieder auf einer dieser unbeschilderten Forststraßen, derer es im Harz etliche gibt. Sie sind in der Karte weiß eingezeichnet, wenn sie eingezeichnet sind, und bestechen durch ihre Breite, gerade auch weil sie so gut ausgebaut sind. Wir machten kehrt! Schnell hatte ich uns auf der Karte wiedergefunden. Nun erkannte ich auch den zuvor beschriebenen unbeschilderten Knick von Süd auf Ost. Wir folgten ihm, diesmal aber aus südlicher Richtung kommend. Und siehe da: Schon bald stießen wir auf das lang ersehnte

Schild. Es befand sich natürlich genau an einer Stelle des Weges, an der es keinerlei Alternativen gab. Ohne eine Kreuzung führte der Weg lediglich geradeaus. Hier konnte auch Jens wieder lachen!

Der Weg zog sich in die Länge. So schnell wir zu Beginn voran gekommen waren, noch etwa acht Kilometer bis Walkenried, ich hatte nunmehr nicht das Gefühl viele Kilometer zu reißen. In der Wanderhütte *Helenenruh* machten wir erstmal eine Brotzeit. Wir hatten alles dabei. Es gab belegte Brote, ein Ei, eine Banane, einen Apfel, eine Packung *Twix* und einen neuen Stempel in den Stempelpass. Dann zogen wir gestärkt weiter, vorbei am *Jagdkopf*, ohne ihn zu Gesicht zu bekommen. Wir sahen die Orte Wieda und Zorge auf etlichen Schildern, aber weil der *Kaiserweg* genau zwischen beiden hindurchführt, sah man auch kein Haus. Der Weg führte weiter abwärts. Über den *Eseltreiberweg* und ein letztes Stückchen Straße gelangten wir schließlich nach Walkenried.

Wir hatten den Harz hinter uns gelassen. Das musste gefeiert werden: Ich fragte den nächsten Passanten nach einer Dorfkneipe. Die gäbe es wohl, wir sollten mal in die Ortsmitte gehen, durch den Torbogen, dann würden wir auf ein Café stoßen. Wir folgten seinem Rat. Sagenhaft, die Ortschaft Walkenried besitzt einen steinernen Torbogen und ein nicht weniger pompöses, teilweise zerstörtes Kloster. Darauf gab es in der Gaststätte nebenan, wo wir schön draußen sitzen konnten, eine ordentliche Nullfünfer Bierlänge. Und dass es dann auch noch *Einbecker* gab, mein Lieblingsbier, das war famos. Ein Prosit auf den Harz.

Dass wir das Schlimmste unserer drei Etappen noch vor uns hatten, ahnten wir noch nicht. Auf den Straßenwegweisern für Autofahrer lasen wir: *Nordhausen 18 Kilometer*. Unsere Wander-strecke würde sicherlich noch etwas länger sein. Die Uhr schlug drei. Im Ort war gerade die Jugendfeuerwehr zu Gange. Sie feierten irgendein Fest; jedenfalls hatten sie viel Spaß daran, mit Blaulicht und Sirene durch die Ortschaft zu tingeln. Vor dem Feuerwehrhaus gab es natürlich Bratwurst und Bier. Fast wären wir nochmal schwach geworden, aber wir mussten weiter, die Zeit rannte uns davon.

Jensilencio und ...

Der *Kaiserweg* von Bad Harzburg nach Tilleda umfasste laut der Internetseite *wanderbares-deutschland.de* 85 Kilometer, die in drei Etappen eingeteilt waren. Uns war schnell klar, dass das nicht stimmen konnte. Die Schilder am Wegesrand verrieten, dass es in Wirklichkeit 101 Kilometer sind. Zuzüglich des Weges von der *Kaiserpfalz Goslar* und kleinerer Umwege waren wir dann schnell bei 115. Eigentlich eine Wahnsinnstour.

...Florian haben den Harz bezwungen!

Ich hatte auf die zweite Wanderkarte – *Südliches Harzvorland* – umgesattelt. Wir verließen Walkenried über As-

Kloster Walkenried

phaltstraßen und schritten teilweise über den *Karstwanderweg*. Der Himmel verriet, dass uns bald ein Gewitter bevorstand, aber

wir hatten noch die Hoffnung, dass es vorbeiziehen würde. Der Weg führte uns nun ein Stück über freies Land, über Felder und Wiesen. Wir überquerten das Flüsschen *Wieda* und hielten uns rechts. Am Feldrand trafen wir auf einen Mann und eine Frau. Wir hatten zwar nicht nach dem Weg gefragt, aber es kam die Frage auf, wo wir denn hin wollten.

Wir entgegneten: „Nach Nordhausen!"

Mann: „Ach ja, da folgen Sie am besten den Bahnschienen, das geht am schnellsten durch den Tunnel nach Ellrich."

Frau: „Hm, jetzt ist es aber schlecht, da kommt bald ein Zug."

Ich: „Wir folgen dem *Kaiserweg*, wir finden uns schon zurecht."

Mann: „Wie, Sie gehen den *Kaiserweg*? Der ist doch da oben, da sind sie hier aber nicht richtig."

Ich: „Nun ja, der ist hier auf der Karte aber eingezeichnet; der *Kaiserweg* führt bis nach Tilleda."

Mann: „Ja nee, aber da hätten Se oben um Walkenried rum gemusst, da hab ich schon Recht."

Ich: „Das wollten wir aber gar nicht." (Wir wollten ja das Pils mitnehmen, denn wir hatten gesagt, in Walkenried wird auf den bezwungenen Harz angestoßen!) Die Frau nickte mir zwischendurch bestätigend zu. Es war uns auch egal. Wir verabschiedeten uns und gingen weiter unseres Weges. Ich würde jedenfalls nicht freiwillig durch irgendeinen Eisenbahntunnel laufen, nur weil es

Hinter Walkenried.

Landschaftliche Eindrücke zwischen Walkenried und Ellrich.

kürzer ist. Unser Weg war der *Kaiserweg*, egal welche Umwege er ginge. Man lerne: Möglichst nie nach dem Weg fragen, und überhaupt nicht zu viele Details preisgeben. Gegenüber Einheimischen hat man generell Unrecht.

Ein Blick auf die Uhr sagte uns, dass wir Kilometer reißen mussten. So schritten wir voran, überquerten die Bahnstrecke nach Ellrich, liefen um den *Itelteich* und die *Itelklippen* südlich drum herum, ohne sie zu sehen und gelangten durch ein Wäldchen zur *KZ Gedenkstätte Juliushütte*. Leider hatten wir wirklich keine Zeit für Besichtigungen. Es würde gleich anfangen zu regnen. Bei der Mittagspause in *Helenenruh* hatte ich meine Regenhose eingepackt. Jetzt zog ich sie wieder an. Es begann leicht zu regnen, aber das Gewitter zog weitgehend an uns vorbei. Im Harz hatten wir schon ständig dieses Wechselspiel mitmachen müssen. Erst schwitzt man ohne Ende in der Schwüle einer Senke, dann kommt Wind auf, die Sonne verschwindet hinter den Wolken, man friert. Da kommt Freude auf! So ging das die ganze Zeit.

Bahnhof Ellrich, Thüringen.

Am Bahnhof Ellrich ein Stück entlang der Gleise.

Wir passierten den Bahnhof von Ellrich und gelangten an den Bahnschienen entlang an eine Straße. Links ging es in den Ort. Wir gingen aber nach rechts hinaus und folgten der Straße, die sich den Berg hinauf wand. An einem Streugutkasten lasen wir zum ersten Mal das Wörtchen Thüringen. Wir hatten die Landesgrenze zu den neuen Bundesländern überschritten. Walkenried lag gerade noch im Landkreis Osterode, in Niedersachsen. Ellrich hingegen liegt schon in Thüringen. An einem Steinbruch folgten wir wieder dem *Kaiserweg* in Richtung Osten, wir bogen also links ab und mussten weiter ansteigen. Mir war inzwischen schon wieder so warm geworden, dass ich meine Regensachen einpacken konnte. Die Sonne schielte zwischen den Wolken hervor. Über Felder schritten wir fort und gelangten in den *Kammerforst*. Ich war wieder an so einem Punkt angekommen, wo ich dachte: „Gleich geht gar nichts mehr." Die Füße schmerzten ohne Ende. Wir hielten kurz an. Einige Schlucke *Isostar* und diverse Müsliriegel brachten mich wieder auf Trab. Der *Kammerforst* schien trotzdem kein Ende zu nehmen. Als wir ihn schließlich total verschwitzt verließen und zwischen Bäumchenalleen über Felder marschierten, wurden wir von Bremsen malträtiert. Sie klebten nur so an uns. Wir versuchten möglichst schnell zu

Hinter Ellrich über die Felder zum *Kammerforst*.

gehen. Die Luft war drückend und schwül, sodass ich noch mehr schwitzte. Mein kleines Wanderhandtuch kam mir sehr gelegen. Ich versuchte es wie ein Gaul mit seinem Schweif zu veranstalten. Ich wirbelte das Handtuch ständig um Kopf und Schultern, um mir diese verflixten Pferdefliegen vom Leibe zu halten. Jens ging es auch nicht viel besser. Am nächsten Abzweig las ich:

Den *Kammerforst*
hätten wir geschafft,

der Kampf galt nun den Bremsen.

Zwetschenweg. Wir folgten ihm nach links und gelangten irgendwann auf eine Straße. Ab hier wurde es wieder besser. Die Bremsen hatten wir hinter uns gelassen. Die Straße führte nach Woffleben. Kurz vor den Bahnschienen hielten wir uns rechts und stiegen im nächsten Wäldchen zum *Komödienplatz* auf. Eine letzte kleine Stärkung und wir machten uns wieder an den Abstieg. Am Waldrand sahen wir die Mahn- und Gedenkstätte des *Lagers Dora* aus der NS-Zeit. Auch hier hatten wir leider mal wieder keine Zeit. Wir blickten auf Nordhausen. Ich sagte mir: „Gleich sind wir da!" Jens wusste es besser: Es sollte noch eine ganze Weile dauern bis in die Stadt. Wir folgten der Straße östlich und gelangten über die Bahnschienen nach Obersalza. Der *Kaiserweg* führte hier inner-orts über den *Goetheweg*. Er leitete uns südlich immer entlang einer Bahntrasse nach Nordhausen. Wir hielten uns am Stadtrand kurz rechts bis zur zweiten Bahnlinie, entlang derer wir wieder südlich schritten; eine lange Zielgerade vorbei an Schrebergärten. Es fing schon wieder an zu nieseln, aber es war uns einfach nur noch egal. Am Bahnhof Nordhausen-Salza folg-ten wir der *Hauptstraße* nach links und stießen an der nächsten Kreuzung endlich auf die *Bochumer Straße*. Hier wollten wir hin. Unserer beider Beine und Füße befanden sich in einem unbeschreiblichen

Zustand, als stünden sie unter einem riesigen Überdruck.

Wie hatten das bloß Napoleons Soldaten auf ihrem Marsch von Paris nach Moskau angestellt? Sie trugen an beiden Beinen identische Stiefel, die der jeweiligen Fußform keineswegs angepasst waren. In der Chemie hätten wir diese als *achiral* bezeichnet, denn Bild und Spiegelbild unterschieden sich nicht. Es müssen höllische Schmerzen gewesen sein. Ich fühlte mit ihnen. Dass schon aus diesem Grunde nur wenige angekommen waren, konnte ich mir gut vorstellen.

Schon wähnte ich mich angekommen, da las ich die Hausnummer hundertnochwas. Wir mussten zur 42. Weiter ging es, und dann kamen wir auch gegen Halb acht in der Pension an, von der wir angenehm überrascht waren. Mal wieder eine gepflegte Herberge. Wir legten nur noch unser Gepäck im Zimmer ab und fragten die Hausherrin nach dem nächsten Restaurant. *Die Goldene Kugel* war gleich zwei Ecken weiter. Sie sollte preiswert und gut sein. Wir freuten uns auf unsere Riesenportion Nudeln und hinkten zur Gaststätte, wie zwei Rentner, die ein Holzbein hinterher schliffen. Wir standen vor verschlossener Tür; Sonntag war Ruhetag. Wir zogen weiter und fanden in der Nähe einen Griechen. Dann eben keine Nudeln. Besser wär´s gewesen, aber eine *Akropolisplatte* erfüllte auch ihren Zweck. Die bestellten wir uns beide mit Reis statt Pommes und dazu jeweils ein großes Pils aus Dortmund. Wir saßen und waren uns nicht sicher, ob wir am Ende wieder würden aufstehen können.

Mit den griechischen Restaurants hatte ich schon diverse Erfahrungen gemacht. *Akropolisplatte* war auf jeden Fall nicht gleich *Akropolisplatte*. Wir bekamen einen ovalen Teller vorgesetzt und ich vermisste augenblicklich etwas. Ich konnte weder Zaziki noch rote Soße erkennen. Ansonsten sah das gar nicht mal so schlecht aus. Aber gab's denn sowas? Gyros ohne Zaziki? Nee, das kannten wir so nicht! Daher bestellte ich mir glatt noch „ein wenig" Zaziki und „etwas" rote Soße dazu. Die Überraschung kam erst hinterher. Schon wunderte ich mich, warum ein Klecks Zaziki so lange dauerte, da setzte man mir jeweils eine ganze Schüssel vor. Nun gut. Geschmeckt hat's ja, aber nochmal über fünf Euro für beides zusammen war schon dreist. Von den armen Wandersleut' konnte man es ja nehmen. So einen Laden würde ich nicht wieder besuchen. Man macht so seine Erfahrungen.

Nach dem *Ouzo* (eigentlich hätte es ja ein *Nordhäuser Doppelkorn* sein müssen) schleppten wir uns wieder in die Pension, genossen die erfrischende Dusche und schmissen uns auf die Betten. Der Pensionskühlschrank versorgte uns günstig mit kühlem Pils aus *Felsquellwasser* und der Fernseher lief. Im Ersten gab es einen schwedischen Krimi. Besser konnte es doch nicht gehen. Das Pils war so erfrischend, dass ich mir gleich noch zwei genehmigte. Der Jens überraschte mich, als dass er schon nach dem ersten Bier resignierte. Normalerweise hätte er gesagt: „Eeeeins geht immer noch!" Dann kam die Nacht und wir hofften wieder auf schnelle Genesung.

Etappe 3: Nordhausen – Tilleda

NDH → KYF → SGH, *23.07.2007*

(Landkreis Nordhausen, Thüringen → Kyffhäuserkreis, Thüringen → Landkreis Sangerhausen, Sachsen-Anhalt)

Heute gab es pünktlich um acht Uhr Frühstück. Unser Marschbeginn am Morgen zuvor war eigentlich zu spät gewesen, hatten wir festgestellt.

Die *Pension Froböse* in der *Bochumer Straße* in Nordhausen würden wir in guter Erinnerung behalten. Ich hatte schon eine ganze Weile vor unserem Wanderurlaub per Internet nach Unterkünften gesucht und unsere Zimmer reserviert. Letztendlich weiß man aber zuvor nie, an was für eine Absteige man gelangen würde. Wir waren rundum zufrieden und wunderten uns fast schon, wie diese Unterkunft mit fünfzehn Euro pro Person und Nacht inklusive Frühstück über die Runden kommen konnte.

Pension in Nordhausen.

Wir füllten uns unsere drei Liter Flüssigkeit aus der Leitung ab und mischten uns dabei jeweils den Liter *Isostar* an. Es konnte losgehen. Um halb neun standen wir, beladen mit unseren Rucksäcken, gestiefelt und gespornt auf der Straße und begannen den Marsch. Dass er sehr lang werden würde, ahnten wir schon. Hundertprozentig regeneriert waren wir definitiv nicht. Wir

41

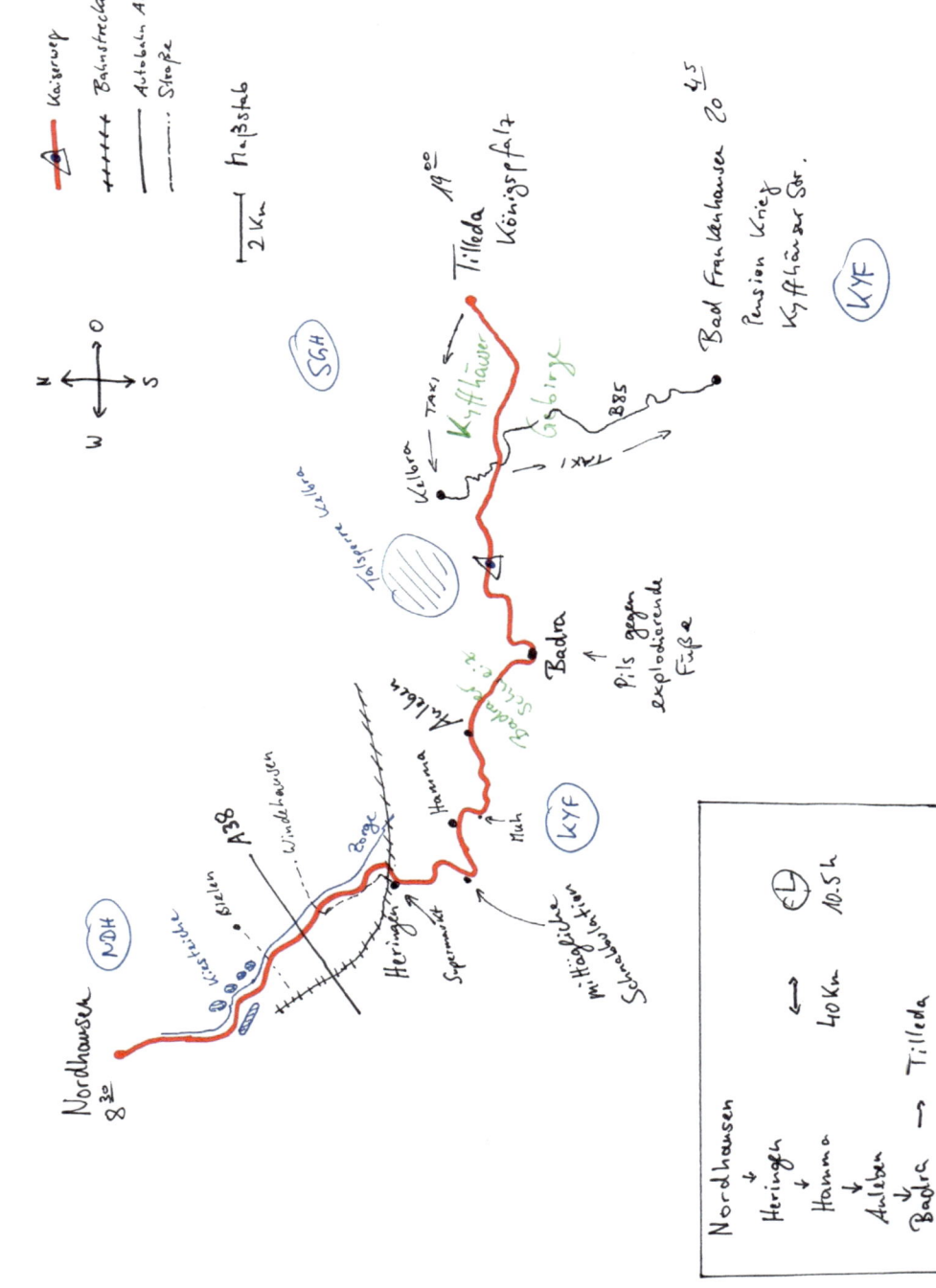

merkten noch die zwei letzten Tage in den Knochen. Besonders die Füße, aber auch die Beine und Schultern machten sich bemerkbar. Ich versuchte immer möglichst viel Last über den Beckengurt des Rucksacks auf die Hüfte zu verfrachten, das half etwas.

Wir hatten Nordhausen abends zuvor im Norden betreten und folgten jetzt den Bundesstraßen 4 und 80 südlich quer durch die Stadt, immer entlang des Flusses *Zorge*. Eine Beschilderung des *Kaiserweges* gab es hier nicht. Aber der Fluss war eine gute Orientierungshilfe. In den Ortschaften und Städten finde ich es immer am schwierigsten, den Wanderrouten zu folgen. Es gibt einfach zu viele Straßen! Der Fluss machte eine Biegung nach Osten. Wir standen vor einer Sackgasse. Aber wo Autos nicht weiter kamen, hieß das noch lange nicht, dass das zu Fuß auch so sein sollte. Wir schritten also fort und verließen Nordhausen durch ein mit Thüringer Fördermitteln neu entstehendes Gewerbegebiet. Vorbei an Kiesteichen liefen wir entlang einer Allee, die sich mit der *Zorge* südöstlich erstreckte. Der Weg führte uns unter der Autobahn 38 hindurch aufs freie Land.

Entlang der *Zorge* hinter Nordhausen.

Landschaftlich schön waren die ersten drei Stunden unseres heutigen Marsches nicht. Wir stellten fest, dass das Nordhäuser Leitungswasser keine Feinschmeckerqualität besaß. Königskrug hatte hier deutlich besser abgeschnitten. Aber wir schwitzten unter der grellen Sonne, trinken mussten wir es trotzdem.

Über Felder betraten wir Heringen von Norden. Als „Reiseführer" wusste ich, wir mussten uns rechts halten und den Ort westlich wieder verlassen. Am Ortsausgangsschild stellten wir fest, dass Windehausen als nächster Ort jedoch nicht richtig sein konnte. Wir standen am nordwestlichen Ortsende. Es ging wieder zurück entlang der Straße bis in den Ortskern; so fanden wir auch die Straße in Richtung Uthleben, an der sich praktischerweise ein neuer kleiner Supermarkt mit Bäcker und Schlachter platziert hatte.

In Königskrug hatten wir noch die Verpflegung für den Tag mitbekommen, in Nordhausen jedoch nicht. Ich deckte mich an den zwei Theken mit vier Roggenbrötchen und etwas Aufschnitt ein. Thüringer Wurst und ein Wienerwürstchen sollten schon noch drin liegen. Jens hielt es mit zwei trockenen hellen Brötchen sehr spartanisch. Im Supermarkt selbst wurden noch die Getränkereserven aufgestockt. Warum Leitungswasser trinken, wenn es auch besseres gab? Direkt hinter der Kasse exte ich einen halben Liter Vanillemilch. Wenn man den ganzen Tag auf Touren ist, verbrennt man so einiges. Der Liter Apfelschorle sollte aber noch bis zur Mittagspause überleben.

Am Ortsausgang Richtung Uthleben schritten wir in südlicher Richtung und mussten mal wieder einen ordentlichen Anstieg in Kauf nehmen. Von wegen, ab Königskrug geht es nur noch bergab! Den ganzen heutigen Tag sollte es im Wechsel immer nur auf und ab gehen, von einem Hügel zum nächsten. Hier in Thüringen war der *Kaiserweg* aber wenigstens wieder exzellent ausgeschildert.

Überrascht war ich von den überdachten Schildern. Welch ein Luxus! So etwas hatte ich bisher noch nicht gesehen. Auch an den

Überdachte Schilder in Thüringen.

44

Wanderbänken kamen uns die Dächer sehr gelegen. Die „Raststätte" oberhalb von Heringen erschien uns wie eine Oase. Wir entschieden uns sofort für eine Mittagspause im Schatten. Hier kam nun auch das Wandermesser wieder zur Geltung und die Brötchen konnten belegt werden. Den Liter Apfelschorle vernichtete ich ohne Wimpernzucken.

Wie eine Oase für den geschundenen Wanderer.

Meine linke Ferse schmerzte schon den ganzen Tag und ich versuchte die Ursache auszumachen. Vielleicht hatte sich unter der Hornhaut eine Blase gebildet, an die man aber nicht heran kam. Da war nichts zu machen. Jens half mir noch mit seinem Superspezialblasenpflaster aus, welches ich als Polsterung darüber klebte. Es musste weitergehen auch mit Schmerzen, egal!

Auf einem roten Sandweg stiegen wir zwischen Feldern nach Hamma hinab. In diesem kleinen Örtchen, in dem man sich sicherlich auch so zurecht gefunden hätte, entdeckte ich die beste Ausschilderung aller

Abstieg nach Hamma.

45

Gemeindeverwaltung und Feuerwehr von Hamma.

Kirche von Hamma.

Zeiten. Wirklich an jedem zweiten Laternenpfahl klebte das weiße Dreieck mit blauem Punkt. Mir fiel auch das kleine Häuschen mit dem Schild *Gemeindeverwaltung* auf, an dem zusätzlich an der Garagentür *Feuerwehr* zu lesen war. Viel konnte hier nicht los sein, dachten wir uns. Ein Schild ließ uns erkennen, dass wir seit Nordhausen schon weit über fünfzehn Kilometer marschiert waren. Wir hatten jedoch noch nicht einmal die Hälfte des Weges geschafft. Der Anblick des Schildes *Tilleda 21,5 Kilometer* war frustrierend. Wir waren jetzt schon total platt.

Wir verließen Hamma und mussten schon wieder ansteigen. Nach einer Weile kamen wir an einer Rinderherde vorbei, die sichtlich viel Spaß an unserer Gesellschaft hatte. Mit einem deftigen Gemuhe stürmten sie auf uns zu, soweit der Zaun das zuließ. Hier schien nicht allzu viel Gesellschaft ihres Weges zu gehen. Der Bauer schwenkte einen Stock und trieb seine Kühe

Begeisterte Rinder zwischen Hamma und Auleben.

47

wieder zurück. Er erklärte uns, dass alles Neue aufregend für seine Herde wäre; daher der Trubel.

Wir schnitten den *Lehmberg*, die *Wernsberge* und schritten durch das *Herrental* nach Auleben. An einem Wegesstück mussten wir uns den Weg durch eine lange zugewachsene Hecke bahnen. Durch Dornengestrüpp kamen wir wieder aufs freie Feld. Den *Kaiserweg* hatte hier anscheinend schon lange keiner mehr beschritten. In der Ferne erspähten wir immer wieder die *Talsperre Kelbra*. Angekommen in Auleben wollte uns ein älteres Paar zur Gartenarbeit anheuern: „Jungs macht doch mal mit!" Aber das hätte bei unserem heutigen Vorhaben definitiv nicht mehr drin gelegen. Wir stießen weiter in den Ort vor und blickten auf ein Wohnhaus, woran ein großes Schild *Flaschenbierverkauf* zu lesen war. Hier wusste man sich also auch mit den wichtigsten Grundnahrungsmitteln zu versorgen. Sämtliche kleine Ortschaften fielen mir durch ihre Ordnung und Sauberkeit auf. Die Straßen waren neu gepflastert, aber hier und da konnte man immer noch ein zerfallenes Haus erblicken. Irgendeine Baustelle war meistens auch in Betrieb. Der Aufbau Ost schien uns noch nicht vollständig abgeschlossen.

Ein älterer Herr fragte uns: „Jungs, wo wollt ihr denn hin?"

„Nach Tilleda!"

„Ui, das ist aber noch ganz schön weit. Das sieht zwar kurz aus, aber da seit Ihr noch lange unterwegs." Das wussten wir auch schon. Ich versuchte an etwas anderes zu denken.

Der Weg führte uns nun hinaus aus der Ortschaft über Felder in die *Badraer Schweiz*. Wieder mal ein Anstieg. Unter der Sonne hatte ich schon bald das Gefühl, mit der Kraft am Ende zu sein. Die Füße schmerzten wie verrückt, und überhaupt war die Luft raus. Ich hielt an und wartete auf Jens, der ein Stück weit hinter mir ging. Ansonsten fange ich bei Erschöpfung auch gerne mal an Witze zu reißen. Jens quittierte solche Ausbrüche mit den Worten: „Na du hast ja auch mal wieder einen ordentlichen Galgenhumor." Aber einfach mal laut darüber zu lachen, was für einem verrückten Plan man hier denn wieder folgte, half. Gut ist es auch Lieder vor sich hinzusummen. Zum Beispiel das *Bergmannslied*, das in meinem Heimatort Bad Salzdetfurth jeden Abend um sechs von der Kirche geläutet wird. In Clausthal wird es auf Feiern traditionell nach dem *Mitternachtsschrei* gesungen. Da wir im stark bergbaugeprägten Harz unterwegs waren, möchte ich es an dieser Stelle nicht vorenthalten:

> Glück auf, Glück auf!
> Der Steiger kommt,
> :und er hat sein helles Licht bei der Nacht,:
> :schon angezünd't.:
>
> Hat's angezünd't!
> Es wirft einen Schein,
> :und damit so fahren wir bei der Nacht,:
> :ins Bergwerk ein.:
>
> Ins Bergwerk ein,
> wo die Bergleut sein,
> :die da graben das Silber und das Gold –
> bei der Nacht,:
> :aus Felsgestein.:
>
> Der Eine gräbt das Silber,
> der Andre gräbt das Gold.
> :Doch dem schwarzbraunen Mägdelein –
> bei der Nacht,:
> :dem sein sie hold.:

Ade, ade!
Herzliebste mein!
:Und da drunten in dem tiefen, finstern Schacht –
bei der Nacht,:
:da denk ich Dein.:

Und kehr ich heim,
zum Liebchen mein,
:dann erschallet des Bergmanns Gruß –
bei der Nacht,:
:Glück auf! Glück auf!:

Wir Bergleute sein,
sein kreuzbrave Leut';
:denn wir tragen das Leder vor dem Arsch –
bei der Nacht,:
:und saufen Schnaps.:

Wir Hüttenleut'
sein kreuzbrave Leut';
:denn wir tragen das Leder vor dem Bauch –
bei der Nacht,:
:und saufens aus.:

Wir Chemiker sein,
sein kreuzbrave Leut';
:denn wir brauen aus der Kohle
ganz besond´re Alkohole,:
:und saufen's aus.:

Zurück in die *Badraer Schweiz*: Wir warfen uns also beide Traubenzucker ein. Jetzt schmeckte auch das zuvor noch ekelige Leitungswasser aus Nordhausen. Irgendwann ist es einfach nur noch egal. Hauptsache flüssig! Es ging dann wieder etwas besser, abgesehen von den Füßen. Nach einer Weile erreichten wir Badra. Ein Blick auf die Karte sagte mir, dass es die letzte Ortschaft vor dem *Kyffhäusergebirge* war. Wir ergriffen die Gelegenheit zu einer Rast, als wir im Ortskern *Zum Landgasthaus* lasen. Kurz vor der Explosion meiner Füße

Jens: „Eins geht immer!"

ließen wir uns auf den Stühlen vor der Gastwirtschaft nieder. Wir waren die einzigen Gäste und genehmigten uns unsere tägliche Nullfünfer-Ration. Es gab *Wernesgrüner* und ich hatte fast schon vergessen, wie erfrischend ein Bier sein kann. Wir unterhielten uns über unterschiedliche Sportarten. Was wir hier betrieben, konnte man ja nicht anders nennen. Für

Florian: „Das perlt jetzt aber!"

mich ist es *Sportwandern*, da bleibt eigentlich keine Zeit für lange Besichtigungen. Dazu habe ich in der Regel auch keine große Lust. Man muss sich schon entscheiden, was man will. An interessanten Orten länger zu verharren als ein paar Minuten liegt nicht drin bei so einer Strecke. Die Pausen sind eigentlich nur der Regeneration und der Nahrungsaufnahme vorbehalten; sonst kommt man nicht an. Aber das Pils zwischendurch, das sollte schon noch drinliegen! Ich fragte, was es denn für andere Sportarten gäbe, bei denen

Wo geht´s hier bitte lang?

man zwischendurch mal auf ein Pils einkehren kann, um dann gestärkt weiter zu ziehen. Jens konterte mit Boßeln. Nun ja, aber da ist man ja die ganze Zeit dabei zu trinken; eigentlich zählte das nicht. Wandern ist schon etwas besonderes. Ich kenne keine andere Sportart, die da mithalten kann.

Dann zogen wir weiter hinaus aufs Feld. Ich immer voran und Jens in gewissem Abstand hinterher. Zu Beginn der Tour waren wir noch parallel gelaufen, jetzt nicht mehr. Er hielt aber mit. Immer wenn ich langsamer wurde, war das bei ihm auch der Fall. Legte ich einen Schritt zu, tat er es auch. Aber der Abstand blieb. Man kann sich ja auch nicht zehn Stunden lang unterhalten. Das taten wir schon in den Pausen oder abends beim Bier. Am ersten Tag waren wir neun Stunden unterwegs gewesen, den zweiten Tag zehn. Unsere heutige Tour nahm kein Ende. Wir liefen und liefen, aber irgendwie hatten wir immer das Gefühl, dass die Kilometer vor uns nicht wirklich weniger wurden. Ich hatte noch zwei Wurstbrötchen über. Die vertilgten wir irgendwo draußen auf dem Feld hinter Badra und atmeten kurz durch. Dann durchlief ich mal wieder eine sportliche Phase, und hätte auch wieder einen Schritt zulegen können. Jens fiel aber weiter zurück, anscheinend war es bei ihm gerade umgekehrt. Das änderte sich ja eh ständig. Ich hatte schon erwähnt, dass man irgendwann immer zwischen zwei Zuständen pendelt.

Hier am Westende des *Kyffhäusers* verlief auch die Landesgrenze zwischen Thüringen und Sachsen-Anhalt. Das *Kyffhäusergebirge* liegt fast komplett in Thüringen, Autokennzeichen KYF.

Am Nordrand beginnt Sachsen-Anhalt mit seinen Ortschaften Kelbra und Tilleda, Autokennzeichen SGH für Sangerhausen.[3]

Nach Überquerung einer Straße gelangten wir nun in die Wälder des *Kyffhäusers*. Es ging mal wieder bergauf. Schon bald wurden wir von riesigen Mückenschwärmen geplagt, die an uns nur so klebten wie schon die Bremsen am Tag zuvor. Verschwitzt durch den Anstieg waren wir ein gefundenes Fressen. An Anhalten und Verschnaufen war überhaupt nicht zu denken, wir mussten immer möglichst schnell gehen, um uns die Biester vom Leibe zu halten.

Der Weg über den *Kyffhäuser* zog sich in die Länge und mein anfänglich sportlicher Zustand war alsbald dahin. Aber es musste weitergehen. Auf halbem Wege stießen wir in der Nähe des Fernsehturms plötzlich auf eine große Straßenkreuzung und hatten unseren Pfad verloren. Die B 85 überquerte hier das Gebirge und es führte ein weiterer Weg zum *Kyffhäuser-Denkmal* hinab. Wir folgten der Straße in Richtung des Denkmals und konnten schon bald rechts wieder zum *Kaiserweg* hinab steigen. Über eine grobe Geröllstraße, auf der das Gehen sehr anstrengend war, liefen wir bergab in Richtung Tilleda. Der Wald schien kein Ende zu nehmen. Die letzten fünf Kilometer waren unbeschreiblich hart. Für mich war es nur noch ein Dahingeschleppe. Irgendwann, als fast nichts mehr ging, genehmigten wir uns mal wieder eine Portion *Dextro-Energeen*, das half. Die Schmerzen von Beinen und Füßen wurden dadurch trotzdem nicht weniger. Weiter ging es durch das *Lange Tal* und das *Wolwedatal* abwärts. Irgendwann erreichten wir den Waldrand. Durch Obstplantagen gelangten wir nach Tilleda. Bei einem

---

3 Mit der Kreisgebietsreform vom 1. Juli 2007 wurden in Sachsen-Anhalt – gleichzeitig zur Gründung des neuen Landkreises Harz (HZ) aus den ehemaligen Landkreisen Wernigerode (WR), Quedlinburg (QLB), Halberstadt (HBS) und der Stadt Falkenstein/Harz (ASL) – auch die Landkreise Sangerhausen (SGH) und Mansfelder Land (ML) zum neuen Landkreis Mansfeld Südharz (MSH) vereint.

Endlich raus aus dem Wald.
Im Hintergrund der *Kyffhäuser*.

Blick zurück sahen wir das *Kyffhäuser*-Denkmal. Wir waren angekommen. Endlich! Die Uhr schlug sieben. Zehneinhalb Stunden waren wir schon unterwegs. In Tilleda endet der *Kaiserweg*. Somit hatten wir eigentlich unseren Dienst getan. Eigentlich!

Eine Unterkunft in dem Tausendseelenort hatten wir nicht. Wir wollten lieber im deutlich größeren Bad Frankenhausen nächtigen. Wir brauchten ja eine Pension und ein Restaurant. Obwohl ich vollkommen erschöpft war, spielte ich in meinem Wahn immer noch mit dem Gedanken, diese sieben bis acht Kilometer über den Berg zu Fuß zurückzulegen. Jens hatte für sich schon lange beschlossen, dass er das nicht mehr wollte.

Bad Frankenhausen liegt südlich, genau auf der anderen Seite des *Kyffhäusers* in Thüringen. Tilleda liegt nördlich im Landkreis Sangerhausen. Mit dem Mobiltelefon hatte ich zwischenzeitlich über *wap.bahn.de* festgestellt, dass die letzte Busverbindung von Tilleda nach Bad Frankenhausen um halb sechs bestanden hatte. Mit den diversen Malen Umsteigen hätte man über drei Stunden gebraucht. Aber die Möglichkeit bestand ja für uns eh nicht mehr, es war zu spät. Und zu Fuß ginge es sicherlich auch schneller.

Wir waren mit den Kräften am Ende. Da ging so gut wie gar nichts mehr. Den ganzen Tag waren wir marschiert und die zwei Tage davor auch. Nach knapp vierzig Kilometern war es heute utopisch zu glauben, wir könnten den Fußmarsch noch schaffen.

Wir lasen die Schilder zur *Königspfalz Tilleda* und wollten sie gerne sehen. Der Weg dahin war anscheinend nicht eindeutig genug ausgewiesen. Wir hätten erneut ein Stückchen den Berg hoch gemusst, nahmen aber den falschen Weg, der mit dem *Kaiserweg*-Symbol gekennzeichnet war. *Rien ne va plus.* Nichts geht mehr, dachten wir uns und bewegten uns lieber in den Ortskern vor, um nach einem Taxi Ausschau zu halten. Die *Königspfalz* bekamen wir leider nicht mehr zu Gesicht. Die Tour hatte uns geschafft. Uns fehlte die Kraft noch weiter zu suchen. Ich wandte mich an die erste Frau, die uns über den Weg lief und fragte nach einer Taxizentrale. In Tilleda gab es keine, brachte ich in Erfahrung. Wäre ihr Mann nicht auf Montage gewesen, hätte er uns sicherlich gefahren, entgegnete sie noch. Sie machte allerlei Anstalten, wer uns denn fahren könnte, aber ich begnügte mich mit ihrem Telefonbuch, in welchem ich schnell ein Bad Frankenhäuser Taxiunternehmen ausmachte.

„Genrich, guten Tag, ich hätte gerne ein Taxi von Tilleda nach Bad Frankenhausen! Können Sie mir sagen, was das in etwa kosten würde?"

Antwort: „30 bis 35 Euro, aber es dauert eine halbe Stunde bis ich da bin."

Wir waren einverstanden und verabredeten uns an der Dorfkirche. Dort ließen wir uns erschöpft auf einer Steintreppe nieder und warteten. Nach einer Dreiviertelstunde war weit und breit kein Taxi in Sicht. Ich rief wieder in der Taxizentrale an.

„Ich hatte ein Taxi von Tilleda nach Bad Frankenhausen bestellt, ist Ihr Kollege unterwegs, oder hat er uns nicht gefunden?"

Kirche von Tilleda (SGH).

Ich war anscheinend direkt mit dem Taxifahrer verbunden. Er entgegnete: „Oh, das tut mir jetzt aber Leid, da muss ein Missverständnis vorgelegen haben. Ich dreh hier schon seit zwanzig Minuten in Kölleda meine Runden um die Kirche, und hier ist niemand."

Von Kölleda hatte ich noch nie gehört, aber anscheinend gab es das. Leider lag es genau in der entgegengesetzten Richtung in Thüringen, sodass der Taxifahrer nun noch länger zu uns gebraucht hätte. Wir hatten Hunger und wollten endlich in unsere Pension. Es war bereits nach acht. Ich erinnerte mich an den Taxi-Service, der automatisch vom Mobilfunkbetreiber auf meiner SIM-Karte gespeichert war. Diesen probierte ich einfach mal aus. Ein Telefonbuch hatte ich ja nicht mehr und irgendwo in diesem Seelendorf klingeln war nicht mein Ding. Eine Stimme ertönte: „Bitte bestätigen Sie die Bestimmung Ihres Aufenthaltsortes mit der Raute-Taste." Ich tat dies und wurde prompt mit einer Taxizentrale in Sangerhausen verbunden. Diese hätte zu hohe Anfahrtskosten gehabt, aber die Frau am Apparat konnte mir glücklicherweise auf Anfrage eine Telefonnummer aus Kelbra raussuchen.

Das Taxi aus Kelbra kam schon nach zehn Minuten. Wir waren erleichtert. Im Taxi begann ich sogleich eine kleine Unterhaltung. Es wäre ja nicht das erste Taxi, das wir bestellt hatten und so ein Zufall, Kelbra ist ja die Partnerstadt von Bad Salzdetfurth. Hier war ich mit der Grundschule vor siebzehn Jahren, unmittelbar nach der Wende, einmal gewesen. Da hätte sich bestimmt einiges getan seitdem, ob es denn diese Städtepartnerschaft überhaupt noch gäbe. Der Taxifahrer überraschte uns und spielte ein wenig den Touristenführer. Ich hatte ihn anscheinend auf dem richtigen Fuß erwischt. Er wäre ja erst im letzten Jahr mit dem Partner-schaftsverein in Salzdetfurth gewesen und überhaupt würde diese Partnerschaft noch sehr gut gepflegt werden. Wir fuhren über Kelbra hoch auf der B 85 über den *Kyffhäuser*. 36 Kurven zeigte die Warntafel an, worauf ein Motorradfahrer zu erkennen war. Unser Touristenführer erzählte uns vom *Kyffhäuser*, *Barbarossa* und von der *Rothenburg*. Wir lernten aber auch, dass hier jährliche Autorennen in den Kurven veranstaltet wurden. Ich konnte mich nicht mehr an viel von damals erinnern, aber wir bekamen nun einige Geschichten zu hören. Unter anderem soll es hier zu Ende der DDR-Zeit ein Internierungslager gegeben haben, das extra zum Wegsperren einer sehr großen Anzahl an Regimegegnern gedacht war. Glücklicherweise sei es aber nie soweit gekommen. Dann lernten wir die sogenannte *Rosinenkurve* kennen. Hier war zu früheren Zeiten einmal ein mit Kaffee und Rosinen beladener Laster verunglückt. Die Leute aus Bad Frankenhausen waren in Scharen gekommen und hatten sich bedient. Seither trägt die Kurve diesen Namen. Über das Schicksal des Fahrers wurde nicht berichtet. Man lernte so einiges dazu, aber bald schon waren wir in unserer *Pension Krieg* in der *Kyffhäuserstraße* in Bad Frankenhausen (KYF) angekommen. Es wurde auch Zeit. Die Fahrt kostete nun sogar weniger als dreißig Euro. Wir waren zufrieden und verabschiedeten uns von unserem Fahrer. Jens kommentierte: „Na der war aber mal schwer in Ordnung!" Ich gab ihm Recht. Mit Taxifahrern hatte ich auch schon andere Erfahrungen gemacht.

Kurz vor neun, angekommen in der Pension, warfen wir wieder nur schnell unsere Rucksäcke ab und quittierten den Zustand des Zimmers wohlwollend. Wir hatten wieder einmal Glück gehabt, unsere Herberge machte einen guten Eindruck. Wir erhielten noch zwei Meldebögen. Die Thüringer schienen es hier etwas genauer zu nehmen. Wir vertagten das Ausfüllen aber auf den kommenden Morgen. Wir hatten Hunger, und die Kehle krächzte nach einer kühlen Gerstenbrause mit weißer Haube.

Wie es der Zufall wollte, war gleich nebenan ein Grieche. Es wurde also wieder nichts aus unseren Nudeln. Auch die regionalen Spezialitäten hätte man ja eigentlich mal probieren können. Nun gut, weit laufen konnten wir nicht mehr, alles tat weh. Die Devise lautete: „Ab zu *Akropolis*".

Wir bestellten wieder zwei *Akropolisplatten*, ganz klassisch, und freuten uns über das frisch gezapfte *Bitburger*, ganz unregional. Jens war gesprächig wie nie. Wahrscheinlich war er einfach nur froh, die Tortur überstanden zu haben. Wir bekamen zwei Riesenteller vorgesetzt. Viel Fleisch, Tomatenreis, super Bratkartoffeln, Zaziki ohne Nachfrage(!) und einen Salatteller vorweg. Die Welt war wieder in Ordnung. Außer uns saßen nur zwei weitere Gäste im Restaurant. Als diese gingen, kamen zwei neue. Sonst war nichts los. Aus den Lautsprechern ertönte in einer Endlosschleife irgendeine griechische Instrumentalmusik, die wir dreimal hören mussten. Nach dem vierten großen Pils und dem obligatorischen *Ouzo* waren wir müde, und sagten *Akropolis* ade.

Wieder in der Pension warf ich nun schon zum dritten Mal das Daunenkissen in die Ecke und stopfte Handtücher in den Bezug. In unseren anderen zwei Unterkünften war es genauso gewesen. Gibt es denn so wenige Leute mit Daunenallergie? Synthetik ist doch viel angenehmer und praktischer als diese Erfindung aus Omas Zeiten! Wir fielen ungeduscht in die Betten. Da ging nichts mehr. Jens schlief sofort ein und ich hatte das Gefühl, im Sägewerk zu übernachten. Die Erschöpfung machte aus ihm ein Schnarchmonster.

Die Rückkehr der *Silylwanderer*[4]

24.07.2007

Ich wurde von ohrenbetäubendem Lärm geweckt, als hätte ich auf einer Autobahn übernachtet. Wir waren bei geöffnetem Fenster eingeschlafen. Am Dienstagmorgen verwandelte sich die am Vorabend noch so ruhige *Kyffhäuserstraße* in eine Hauptverkehrsader. Lastwagen rauschten vorbei, es war unbeschreiblich laut. Vielleicht hätten wir doch lieber das Fenster schließen sollen. Wer hätte das geahnt.

Kyffhäuserstraße, Bad Frankenhausen (KYF)

Die morgendliche Dusche spülte den Wanderdreck davon. Hundertundzehn Kilometer, das mussten wir uns erst noch einmal durch den Kopf gehen lassen. Eine Wahnsinnstour, aber viel zu erzählen hätten wir nun. Unsere Körper bestätigten den

---

4   Wortspiel: Die Bezeichnung stammt vom Institut für Organische Chemie der TU Clausthal. In unseren Dissertationen zum Thema *Silizium-induzierte Reaktionskaskade nach Schaumann* ist die sogenannte *Silylwanderung* ein Schlüsselschritt.

Busbahnhof in Bad Frankenhausen, eine Gaststätte von Welt.

langen Weg. In der Waagerechten merkte man zwar nichts mehr, aber kaum wieder auf den Beinen spürte man, dass man lebte. Es tat immer noch etwas weh.

Frühstück gab es diesmal erst um neun. Wir hatten es geschafft. Heute mal keine Wanderung, da konnten wir uns Zeit lassen. Es war reichhaltig, wir waren zufrieden. Wir waren hier ja auch immer noch in Deutschland. Das muss man einfach mal so sagen. In Frankreich hätten wir vielleicht mit einem kleinen Kinderfrühstück vorlieb nehmen müssen. Glück gehabt!

Anschließend entlöhnten wir die Herberge und auch hier kamen wir mit 21,50 Euro inklusive Frühstück und Kurtaxe wieder einmal günstig davon. Die Rucksäcke geschultert, standen wir auf der Straße. Unser Marsch ging zum Busbahnhof. Viel zu sehen gab es auf unserem Weg durch Bad Frankenhausen nicht. Bereits gegen zehn standen wir am Bussteig und stellten fest, dass wir noch fünfzig Minuten hatten. Unser Blick fiel auf die kleine Gaststätte mitten auf dem Platz. Im *Busbahnhof* kehrten wir ein. Draußen war es sehr windig geworden. Wir verkniffen uns das Urlaubsbier zum Frühstück. Ich bestellte einen Kaffee und Jens eine *Coca Cola*, keine *Vita Cola*. Hinten in der Ecke saß die zwei Personen starke Bedienung mit zwei Gästen in vertrauter Runde. Wir hatten nicht den Eindruck, dass hier täglich neue Leute zu Besuch kamen. Ein zierlicher älterer Herr betrat den Laden und ließ sich am Nachbartisch nieder. Er fragte, ob es denn hier Frühstück gäbe. Die Bedienung bejahte. Er entgegnete: „Och dann geben Se mal ne Bockwurst und ´n Bier". Aus dem Zapfhahn lief *Urkrostitzer*.

Unsere Getränkerechnung betrug zusammen zwei Euro. Einen Fünfeuroschein zu wechseln, war schon zu viel des Guten, Jens musste in seinem Klimpergeld kramen. Eine Gaststätte von Welt! Ich erfuhr im Nachhinein, dass die Cola ganz schön abgestanden geschmeckt hatte. Über meinen Kaffee konnte ich mich aber nicht beschweren.

Wir hatten unsere Wartezeit überbrückt. Um zehn vor elf ging unser Bus nach Sondershausen, ein extra langes Modell, hinten mit Doppelachse. Wir wunderten uns schon, denn bis zur nächsten Station waren wir die einzigen Fahrgäste. Auf der bald einstündigen Fahrt über Land und durch etliche Dörfer lernten wir allerlei Thüringer Dialekt kennen. Der riesige Bus hatte Mühe in den engen Gassen um die Kurven zu kommen. Die Hinterräder wuppten ständig über Bordsteine. Auch die schmalen Landstraßen waren ein Erlebnis. Abrupte Vollbremsungen vor den Kurven. Ein entgegen kommendes Fahrzeug hätte nie und nimmer an uns vorbei gepasst. Einer musste immer anhalten. Ich konnte unterwegs über die letzten drei Tage sinnieren und sah die Landschaft an mir vorüber ziehen. Am Busbahnhof von Sondershausen angekommen, machten wir uns auf den Fußmarsch zum Bahnhof. Der Weg war nicht ausgeschildert, aber ein Passant konnte uns weiterhelfen. Die Reiseauskunft der Bahn hatte uns diese Verbindung ausgespuckt. An dieser Stelle würde ich gern mal wissen, was für Probeläufer die Bahn eingestellt hat, die diesen Fußweg in den angegebenen drei Minuten zurücklegen! Wir brauchten etwa eine Viertelstunde, es war der direkte Weg.

Ab nach Hause: Bahnhof Sondershausen

Wir stiegen in die Regionalbahn nach Nordhausen und erkannten unterwegs viele Orte wieder. Der Zug fuhr auf unserer Wanderstrecke zurück. Ich vernichtete nebenbei meine Notration *TUC*, die ich bei der Wanderung nicht gebraucht hatte. In Nordhausen umgestiegen in die Bahn nach Herzberg und dort nach Osterode, fuhren wir von hier mit dem Bus zurück nach Clausthal-Zellerfeld.

Wir waren zuhause. Wär das auch wieder erledigt! Wir verabschiedeten uns voneinander, ich war zufrieden den *Kaiserweg* geschafft zu haben. Wir waren uns aber einig, dass wir unsere Tagesrouten bei einer Wiederholung kürzer abstecken würden. Man hätte sich mehr Zeit nehmen können.

Jens sagte noch: „Wenn du mich die nächste Woche fragst, ob ich nochmal mitwandere, sag ich bestimmt nicht ja. Wir hören uns, aber heute bestimmt nicht mehr."

Ich kann nur sagen: Er hat die „Wandertauglichkeitsprüfung" bestanden. Ein Kämpfer, der sich nichts anmerken lässt und keinesfalls meckert. Nur auf Nachfrage lässt er seinem Unmut freien Lauf. Dann kommt meist nur ein kurzer trockener Kommentar, und die Welt ist wieder in Ordnung. Ein unkomplizierter Gesell! Ob er nochmal mitkommt?

Auf der Rückfahrt hatten wir schon vereinbart, dass wir uns lieber erstmal wieder im Labor unserer Forschung zuwenden wollten. Wir hatten ja nun gezeigt, dass wir wandern können; warum sollten jetzt am Institut für Organische Chemie der TU Clausthal die *Silylgruppen* nicht einfach auch mal für uns wandern?

Wandern befreit den Geist!

DIE FORTSETZUNG

Der Harz zu Fuß

Harzwandern 2: *Die Tagestouren*

2008

Books on Demand GmbH, Norderstedt

ISBN 978-3-8370-5790-4